Alphons Matt
Unbekannter Nachbar
Liechtenstein

Alphons Matt

Unbekannter Nachbar Liechtenstein

AT Verlag Aarau·Stuttgart

Bildquellen:

Fritz Baum, Internationale Bildagentur, Schaan:
Seite 98 oben
Constantine, London:
Seiten 33, 37, 40
Art Photograph Klaus Ender, Dornbirn:
Seiten 60/61, 70/71, 78/79, 94, 102, 103, 106, 107, 122, 141, Umschlag
oben links
Postwertzeichenstelle Vaduz:
Seite 115
Klaus Schulz:
Seiten 118/119, 145
Josef A. Slominski, Essen:
Seite 5, Umschlag oben rechts
Atelier Walter Wachter, Schaan:
Fotografen Sigi Scherer, Heinz Preute & Walter Wachter:
Seiten 13, 20, 25, 28/29, 36, 45, 52, 57, 87, 98 unten, 110/111, 132/133,
Umschlag Mitte und unten

AT Verlag Aarau (Schweiz)
Umschlag: AT-Grafik
Gesamtherstellung:
Grafische Betriebe Aargauer Tagblatt AG, Aarau (Schweiz)

Printed in Switzerland

ISBN 3-85502-260-7

ZUM ACHTZIGSTEN GEBURTSTAG
SEINER DURCHLAUCHT FÜRST FRANZ JOSEF II.
VON UND ZU LIECHTENSTEIN
ERGEBENST GEWIDMET

Vorwort

Es ist in unserer Zeit etwas Aussergewöhnliches, wenn ein Staatsoberhaupt einer Demokratie seinen achtzigsten Geburtstag feiern kann.
Noch ungewöhnlicher aber ist, dass das ganze Volk diesen Jubeltag mit
ihm begeht. Und zwar nicht auf Geheiss, sondern aus innerem Bedürfnis, nicht um eines Vorteils willen, sondern aus echter Anhänglichkeit.
Das Volk so für sich eingenommen zu haben, nicht durch Versprechun-
gen, sondern durch Taten, nicht durch Schmeicheleien, sondern durch
Wahrheiten, das ist das Einmalige an dieser Persönlichkeit, die Herr-
scher ist, ohne zu herrschen.

Seiner Durchlaucht Fürst Franz Josef II. von und zu Liechtenstein
seien zu diesem Fest die herzlichsten und ergebensten Glückwünsche
übermittelt.

Es trifft sich gut, dass dieses Buch genau zu dieser Zeit erscheint. Es
soll nicht eine Verherrlichung des Fürsten sein, sondern es will – wie es
sich im Titel zum Ziel gesetzt hat – die Leser mit dem «Unbekannten
Nachbar Liechtenstein» vertraut machen. Dies entspricht auch den
Intentionen des Landesfürsten, der nie sich selbst, stets aber sein Land
und sein Volk in den Vordergrund stellt. Es soll ein Buch sein, das
Land und Volk, Fürstenhaus und Bürger vorstellt, doch sollen bei aller
Wertschätzung auch kritische Bemerkungen erlaubt sein. Auch das
dürfte den Intentionen des Monarchen nicht zuwiderlaufen, scheut er
doch offene Worte nicht, wenn er sie nötig findet. Auch meine zahlreichen Freunde in Liechtenstein werden dafür Verständnis haben, denn
gerade durch sie bin ich ja zu diesen oder jenen Kritiken gestossen
worden.

Meine Beziehungen zu Liechtenstein sind jetzt genau fünfzig Jahre alt,
die erste Begegnung war allerdings eher enttäuschend. Zusammen mit
einem Freund hatte ich einen Ausflug mit dem Rad nach Liechtenstein
unternommen, doch war von «Ausland» überhaupt nichts zu spüren:
Wir brauchten keine Pässe, es gab keine Zollkontrolle, und wir verstanden sogar den Dialekt der Einheimischen! Ein paar Tage nach unserer
Rückkehr erhielten wir allerdings den Beweis, dass wir doch im Ausland waren. Meine Mutter hatte mir nämlich aufgetragen, allen Tanten

und Onkeln einen Kartengruss zu schicken, weshalb sie mir, um das Taschengeld knapp zu halten, Briefmarken mitgab. Doch hatten dann alle diese Tanten und Onkel Strafporto zu entrichten, weil die Schweizer Marken natürlich in Liechtenstein nicht gültig sind!

Später war ich dann sehr oft im Fürstentum, lernte seine Institutionen und seine Menschen kennen. Nun wurde mir die Souveränität und Unabhängigkeit des Landes voll und ganz bewusst, aber paradoxerweise fühlte ich mich dort dann je länger je mehr nicht mehr im Ausland, sondern zu Hause.

Aus dieser Stimmung heraus habe ich nun dieses Buch geschrieben, auf dass es den Liechtensteinern einen Spiegel vorhalte und den Ausländern helfe, sich beim nächsten Besuch im Kleinstaat am jungen Rhein ebenso zu Hause zu fühlen.

Alphons Matt

La Tour-de-Peilz (Waadt), im Juli 1986.

Das Land:

Augen auf, sonst ist es vorbei...

Wenn ein Schweizer, etwa von Chur herunter, über Feldkirch Richtung Arlberg fährt, muss er schon sehr aufmerksam sein, sonst entgeht ihm, dass er inzwischen einen Drittstaat, das Fürstentum Liechtenstein, durchquert. Nur mitten auf der Rheinbrücke zwischen Buchs und Schaan erinnert ihn eine Tafel mit dem liechtensteinischen Hoheitszeichen daran, dass er sich bereits im Ausland befindet. Schon knapp zehn Kilometer weiter ist er dann wieder an einer Grenze, jener zu Österreich. Diese kann er nicht übersehen, weil ihn dort die Zöllner nicht übersehen. Und selbst der Deutsche oder Österreicher, der von Feldkirch her das Fürstentum in seiner ganzen Länge geniessen will, stösst schon nach rund zwanzig Minuten – selbst wenn er sich genau an die Tempolimiten hält und bei Rotlicht korrekt anhält – an die nächste, allerdings fast imaginäre Grenze, jene zur schweizerischen Luziensteig. Der achtlosen Raser sind zu viele, und selbst die ungezählten Car-Touristen benützen den Zwischenhalt in Vaduz meistens nur zum Schreiben von Ansichtskarten, die sich ja so trefflich dafür eignen, den Empfänger zu beglücken oder neidisch zu machen. Besonders Aufmerksame erstehen allenfalls noch ein paar Liechtensteinmarken, die bei Philatelisten begehrt sind und die auch in sich selbst wertvolle Minikunstwerke darstellen.

Aber vom Land haben die wenigsten eine Ahnung. Selbst wenn sie etwa im Adler oder im Vaduzerhof, im Engel oder in Reals Weinstube einen echten Vaduzer Beerli zu sich nehmen, um Seele und Körper zu erfrischen, so weckt der Rebensaft höchstens das Interesse am Land. Um es aber zu begreifen oder gar wirklich zu lieben, braucht es schon mehrere Gläser...

Etwas näher kommen ihm vielleicht jene Bergfexen und «Gipfelstürmer», die sich etwa an den Alpspitz, den Rappenstein oder den Schönberg heranwagen; sollten sie aber die Drei Schwestern, den Wurmtalkopf, den Ochsenkopf, den Naafkopf, das Schwarzhorn oder das Falknishorn bevorzugen, stossen sie bereits wieder an die in Liechtenstein allseits präsenten Grenzen. Und wenn sie sich dann bei einem Einheimischen nach dem Weg, der an der Grenze vorbei zur Spitze führt,

1699 war der erste Schritt zum heutigen Fürstentum getan worden. Fürst Johannes Adam erwarb die Herrschaft Schellenberg. Das Denkmal, zweihundert Jahre später von der Gemeinde Schellenberg errichtet, erinnert daran. 1712 kam dann auch die Grafschaft Vaduz in liechtensteinischen Besitz, worauf Schellenberg und Vaduz zum Reichsfürstentum Liechtenstein vereinigt wurden.

erkundigen, kann es ihnen ergehen, wie Otto Seger das in seinem «Lachendes Liechtenstein» beschreibt. Der Fremde erhielt bereitwillig und freundlich die unmissverständliche Antwort: «Jetzt geischt uf und uf und de chunt as Gätterli und de geischt noch amal uf und de bischt doppa.»

Um Liechtenstein zu verstehen, muss man ihm auf den Grund gehen. Das soll nun nicht besagen, man müsse mit den Archäologen bis in die letzte Eiszeit vordringen. Zwar sind damals im Gebiet des heutigen Liechtenstein die ersten Menschen nachgewiesen, aber ein Blick in die ersten Jahrhunderte unserer Zeitrechnung mag genügen. Damals war das, was heute Liechtenstein heisst, unter römischer Herrschaft. Zwar erhielten diese Menschen schon im Jahre 212 das Bürgerrecht, doch hiess das, dass sie von nun an auch höhere Steuern bezahlen mussten. Zudem hatten sie schwere Frondienste zu leisten, die ihnen oft die Freude am Leben vergällten. So sind die heutigen Liechtensteiner glücklich, nicht mehr zu Frondiensten gezwungen zu sein und erst noch ein Steuerniveau zu haben, über das man mit Ausländern nicht gerne spricht, das man aber um so lieber akzeptiert.

Damit ist jetzt bereits von der neuesten Neuzeit die Rede. So mühelos ging aber der Sprung von der römischen Herrschaft zum Wohlstands-Kleinstaat nicht vor sich. Plünderungen, Hungersnot und Seuchen waren vor allem zur Zeit des Dreissigjährigen Krieges an der Tagesordnung. Auf der Luziensteig, die man das «Gibraltar der Schweiz» nannte, hatten 1620 österreichische Truppen Stellung bezogen, 1647 drangen die Schweden in die Region vor, doch mit dem Ende jenes grausamen Krieges änderte sich die Lage vor Ort wenig.

Graf Ferdinand Karl von Hohenems-Vaduz hatte Steuerschulden beim Reich und beim schwäbischen Kreis, und sein Nachfolger Jakob Hannibal von Hohenems wurde von den Gläubigern bedrängt, so dass der kaiserliche Kommissar den Verkauf der Herrschaft Schellenberg beantragte. 1696 gab der Kaiser dem Antrag statt, und am 18. Januar 1699 erstand Fürst Hans Adam von Liechtenstein für 115 000 Gulden die Herrschaft. Ganz ohne Krieg, in Form eines Handels – fast wie heute

12

ERRICHTET ZUR ERINNERUNG AN DIE
ZWEIHUNDERTJÄHRIGE GEDENKFEIER DER
ERWERBUNG DER REICHSHERRSCHAFT
SCHELLENBERG AM 23.2.1699 DURCH

SEINE DURCHLAUCHT
FÜRST JOHANN ADAM ANDREAS
VON UND ZU LIECHTENSTEIN

GEWIDMET VON DEN BÜRGERN DER
GEMEINDE SCHELLENBERG AM 23.2.1899

ein Immobilienmakler Boden erwirbt. Dreizehn Jahre später, am 22. Februar 1712, musste Graf Jakob Hannibal von Hohenems auch die Grafschaft Vaduz verkaufen. Diesmal legte Fürst Hans Adam von Liechtenstein 290 000 Gulden auf den Tisch. Soviel war ihm der Handel wert, war sein Territorium am Rhein nun gross genug, um zum Reichsfürstentum erhoben zu werden. Hans Adam selbst erlebte allerdings die grosse Genugtuung, reichsunmittelbar zu werden, nicht mehr. Vier Monate, nachdem er die Unterschrift unter den Kaufvertrag gesetzt hatte, starb er, und sein Grossneffe Fürst Anton Florian, der ihm nachfolgte, konnte dann das am 23. Januar 1719 von Kaiser Karl VI. unterzeichnete Diplom entgegennehmen, das die Grafschaft Vaduz mit der Herrschaft Schellenberg zum Reichsfürstentum Liechtenstein verband.

Für das Volk in Liechtenstein änderte sich anfänglich aber wenig. Die Fürsten blieben weiterhin in Wien und kümmerten sich kaum um ihr Fürstentum, das als 343. Staat in das Heilige Römische Reich Deutscher Nation aufgenommen wurde.

1805 hörte dieses Reich durch den Frieden von Pressburg zu bestehen auf, und die Ironie der Geschichte will es, dass ausgerechnet Napoleons entschiedener Gegner, Feldmarschall Johann von Liechtenstein, in Pressburg die Unterschrift setzen musste und damit die Souveränität des Landes erlangte. Napoleon ersetzte nämlich das Reich durch den Rheinbund und nahm das Fürstentum als Mitglied auf. Am 12. Juli 1806 wurde Liechtenstein souverän.

In Liechtenstein regierte weiterhin der Landesverweser. In der Person von Karl von Hausen war dieser Posten im entscheidenden Augenblick bestens besetzt, nämlich zur Zeit, da Fürst Johann II. dem Fürstentum am 26. September 1862 die neue Verfassung gab, durch die der Fürst die gesetzgebende Gewalt mit dem Landtag, also dem Organ aller Liechtensteiner Bürger, teilte. Als sich dieses Parlament am 29. Dezember 1862 zur Eröffnungssitzung einfand, richtete es eine Dankadresse an den Landesfürsten, in der es unter anderem hiess: «Durch dieses Staatsgrundgesetz ist der Landesvertretung vor allem das Recht der Mitwirkung an der Gesetzgebung, das Recht der Steuerbewilligung sowie auch das Recht der geeigneten Einflussnahme auf die Verwaltung des Landes eingeräumt und die Verwirklichung eines allseitigen Wunsches, dass der Amtssitz der Regierungsbehörde innerhalb des Fürstentums Liechtenstein verlegt werde, gewährleistet.»

Liechtenstein war fortan eine parlamentarische Monarchie, in der das Volk ein gewichtiges Wort mitzureden hatte. Die doppelte Souveränität von Fürst und Volk, die sich bis heute restlos bewährt, hatte damals ihren Ursprung. Das mündig gewordene Volk legte den Grundstein zum wirtschaftlichen und sozialen Aufschwung. Nicht dass sich die Lage in diesem kleinen zentraleuropäischen Winkel schlagartig verändert hätte, aber Schritt für Schritt ging es vorwärts, Stufe für Stufe aufwärts.

Schon ein Jahr vor der Einführung der Verfassung, als die liberale Entwicklung bereits in der Luft lag, ging ein grosser Wunsch des Volkes in Erfüllung: Mit der Gründung der «Zins- und Kredit-Anstalt» erhielt Liechtenstein endlich die lange begehrte Sparkasse. Am ersten Tag vertrauten ihr bereits zwei Kunden 150 Gulden an und legten damit den Samen zum späteren Bankplatz.

Das neue Grundgesetz ermöglichte nun auch den legalen Aufstand gegen die Feudalherrschaft. Zwar hatte schon Fürst Alois II. auf die Einziehung des «Zehnten» verzichtet, aber die Grossgrundbesitzer waren seinem Beispiel nicht gefolgt. Erst mit dem Gesetz von 1864 wurden die Bürger von dieser Last befreit, doch kostete die Ablösung 102 107 Gulden. Da sich parallel dazu Ansätze zu einem beginnenden Wohlstand abzeichneten, konnte die Schuld termingerecht, nämlich in zwanzig Jahren, abgetragen werden. Gleichzeitig konnten nun die Gemeinden für ihren eigenen Bedarf – im Interesse der Gemeinschaft – Steuern erheben. Das Bankwesen und das Steuersystem hatten also schon in der zweiten Hälfte des vorigen Jahrhunderts in Liechtenstein eine wichtige Rolle gespielt.

Aber noch etwas anderes kam dazu, was sich bis heute auswirkt: die Abschaffung des Militärs. Als 1866 zwischen Österreich und Preussen Krieg ausbrach, zog das Liechtensteiner Kontingent mit 80 Mann zum Stilfserjoch, um dort allenfalls die Freiwilligen des Freiheitshelden Garibaldi, der in Südtirol kämpfte, abzuwehren. Die Liechtensteiner kamen nicht zum Einsatz, und als sie in der Heimat feierlich empfangen wurden, galt die Ehre 81 Kriegern, denn unterwegs hatte sich ihnen ein Österreicher angeschlossen. Auch in diesem Bereich also stellt Liechtenstein einen Sonderfall dar, ist es doch wohl das einzige Land, dessen Truppe mit vermehrtem Bestand aus dem Krieg zurückkehrte. Um nicht ein nächstes Mal eine negativere Erfahrung machen zu müssen, hat es noch im gleichen Jahr eine nachahmenswerte Konsequenz gezogen. Das besiegte Österreich war aus dem Deutschen Bund ausgetreten, Liechtenstein war damit zu einem «paktfreien» Land geworden. Weil der Landesfürst am Wiener Hof Persona grata war, drohte von Österreich keine Gefahr, und weil das Ländchen «vom weiter gelegenen deutschen Reich» dank des österreichischen Schutzes nichts zu befürchten hatte und weil schliesslich die benachbarte Schweiz «als von Europa proklamierter Neutralstaat niemals weder den Rheinstrom noch die Luziensteig anders als im friedlichen Verkehr überschreiten werde», schuf man das Militär und die militärische Dienstpflicht ab. Das war im Interesse von Volk und Fürst, denn beiden war eine Last von den Schultern genommen: dem Volk die Dienstpflicht, dem Fürsten eine finanzielle Bürde.

Zur Zeit des Wiener Kongresses, also 1815, zählte man in Liechtenstein noch etwa 6000 Einwohner, als 1870 der Deutsch-Französische Krieg ausbrach, waren es schon an die 9000. Liechtenstein hatte sich gemacht, und es begann, über sich selbst hinauszuwachsen. Eingekeilt zwischen Berg und Fluss, wollte es das Tor nach aussen aufstossen. Dabei waren zu jener Zeit die Berge viel unwirtlicher als heute, und der Rhein, noch nicht in die künstlichen Schranken seiner Korrektion gewiesen, führte mit ungestümer, oft vernichtender Gewalt das Zepter. Bei Balzers, Vaduz, Schaan und Bendern wurden die ersten vier massiven Rheinbrücken erstellt, die die bisherigen wetterabhängigen Fähren ersetzten.

Auch in einem anderen Bereich zeigte sich die Regierung selbstbewusst. Sie wollte sich nicht mehr mit dem «Wiener Münzvertrag» vom 24. Januar 1857 zufrieden geben, sondern strebte «klar und fest» nach einer eigenen Münzhoheit. 1862, als das Land die neue liberale Verfassung erhielt, wurden die ersten eigenen Münzen geprägt, die sogenannten «Vereinsthaler». Auf der Vorderseite trugen sie das Bild von Fürst Johannes II. (geboren 1840, Regierungsantritt 1858, gestorben 1929), auf der Rückseite das fürstliche Wappen, und am Rand war der Wahlspruch «Klar und fest» eingeprägt. Die Auflage war auf 1920 Stück beschränkt, so dass nur 24 Stück pro hundert Einwohner abgegeben werden konnten. Sieben Jahre später wurde Vaduz an das internationale Telegraphennetz angeschlossen – also nur 25 Jahre nachdem dieses System von Samuel Morse erfunden worden war. Das waren Massnahmen, wie sie nach Kreditbeschluss des Parlamentes durch Minister-Dekret verfügt werden. Hier waren es Minister über nur 8000 Seelen. Was also andernorts ein Gemeinde- oder höchstens ein Stadtrat war, hatte sich im Fürstentum zum Minister entwickelt!

Zu jener Zeit aber stand es um Liechtenstein noch längst nicht so gut wie heute. Der karge Boden vermochte mit knapper Not das Völkchen zu ernähren, Reichtum verschaffte er niemandem. Es war die Zeit, da viele Liechtensteiner ihr Heil in der Auswanderung suchten. Im

«Liechtensteiner Volksblatt», das 1878 gegründet und noch im schweizerischen Buchs gedruckt wurde, war der Annoncenteil voll von Inseraten,
die «zu dem äusserst ermässigten Preise von 135 Franken ein-
schliesslich Gepäck, Beköstigung, Logis und Bettzeug auf dem Dampf-
fer» die achttägige Überfahrt auf «Schnellpostdampfern» anpriesen.
Das waren die damaligen Emigrantenschlepper, und es klingt fast
modern, wenn man nachliest, dass schon um die Mitte des letzten
Jahrhunderts das Regierungsamt der Hofkanzlei zwei Verordnungen
des Hamburger Senats «zur thunlichen Beseitigung von Prellereien,
welche deutsche Auswanderer bei der Überfahrt in fremde Welttheile,
insbesondere wenn sie aus englischen Häfen überschifft werden», er-
leiden müssen, mit dem Antrag vorlegte, eine ähnliche Bestimmung für
Liechtenstein zu erlassen. Und schon damals sind nicht alle Wünsche
der Emigranten Wirklichkeit geworden, sonst hätte nicht ein Liechtensteiner geschrieben:

> Was ist der Städte glänzender Schimmer?
> Was ist das Meer, das staunend ich sah?
> Reizen können sie, fesseln nimmer;
> sie rufen nur Sehnen und Heimweh wach.

Liechtenstein kämpfte immer noch um seine Souveränität, die ihm
zwar formell schon von Napoleon verliehen worden war und die ihm
nach dem Zusammenbruch des Deutschen Bundes auch die volle Ausübung seiner internationalen Kompetenz zusicherte. Es musste aber
fremde Richter gewähren lassen, denn durch den Vertrag vom 19. Januar 1884 stand der österreichischen Justiz in letzter Instanz der Entscheid über Urteile liechtensteinischer Gerichte zu, und im Fürstentum
hatten österreichische Gesetzbücher Rechtskraft.
Liechtensteins Regierung kämpfte mit Verbissenheit und mit dem diplomatischen Geschick von Lokalpotentaten um grösseren politischen
Freiraum. Am 6. Juli 1874 wurde in Wien durch den schweizerischen
Gesandten Jacob von Tschudi und durch Hermann Hampe als Vertreter der fürstlichen Regierung ein Niederlassungsvertrag unterzeichnet,
der heute noch in Kraft ist und der den Liechtensteinern und auf
Gegenseitigkeit auch den Schweizern im anderen Land das Recht auf
Niederlassung, zum Erwerb von Eigentum und zur Ausübung eines
Berufes zusicherte. Obwohl dieses Abkommen in Wien gefertigt wurde,
hatte Liechtensteins Regierung Österreich nicht beigezogen. Dass es
anderseits «infolge der Zunahme des Postverkehrs im Lande» am

4. Oktober 1911 einen Postvertrag mit Österreich-Ungarn vereinbarte, schmälerte seine Eigenständigkeit in keiner Weise. Im Gegenteil, damit sicherte es sich das Recht auf Ausgabe von eigenen Briefmarken, ein Recht, das es seither bewahrt und mit viel Erfolg wahrgenommen hat. Verheerend aber waren für Liechtenstein die Folgen des Ersten Weltkrieges. Es war mit Österreich-Ungarn in einer Zollunion verbunden, und seine Volkswirtschaft fiel auf den Nullpunkt zurück. Sogar dem Hunger vermochte es nur dank schweizerischer Lebensmittelsendungen zu entgehen.

Dazu kamen noch die politischen Gefahren. Würde Liechtenstein seine Unabhängigkeit und Souveränität bewahren, seine während des Krieges eingehaltene Neutralität beweisen können? Liechtenstein war für die meisten Sieger, die nach Kriegsende über die Zukunft zu entscheiden hatten, ein weisser Fleck auf der europäischen Landkarte. Sie wussten vom Fürstentum genausowenig wie die Tausende von Touristen, die heute durch das Land rasen. Aber Liechtenstein errang den grundsätzlichen Sieg in Saint-Germain. Als dort die Grenzen des zerschlagenen Österreich-Ungarn festgelegt wurden, hiess es im Artikel 27 des Vertrages vom 10. September 1919 wörtlich: «Mit der Schweiz und mit Lichtenstein die Grenze wie bisher.» Zwar hatten sie in diesem Dokument Liechtenstein fälschlicherweise nur mit «i» statt mit «ie» geschrieben – vielleicht weil sie sich des grossen Malers Alfred Lichtenstein erinnerten, der zu Beginn des Krieges, den sie in Versailles und Saint-Germain offziell zu beenden hatten, bei Reims gefallen war. Aber immerhin: Liechtenstein war im Vertrag genannt, und seine territoriale Hoheit wurde damit besiegelt.

Die gleichen Machthaber zogen aber wenige Jahre später aus ihrem Verhalten nicht den logischen Schluss. Als nämlich das Fürstentum Liechtenstein sich um die Mitgliedschaft beim Völkerbund bewarb, war in der zuständigen Kommission einzig der schweizerische Vertreter Bundesrat Giuseppe Motta für Aufnahme, und schliesslich verschwand das Gesuch auf Nimmerwiedersehen in den unergründlichen Schubladen des Palais des Nations in Genf. Es gibt allerdings Interpreten, die die Schuld am Scheitern zum Teil Liechtenstein selbst zuschreiben. Es habe nämlich den Fehler begangen, das Gesuch durch die Schweiz stellen zu lassen, was in den Augen vieler Delegierter den Eindruck einer Abhängigkeit erweckt habe. Der tschechoslowakische Vertreter Osusky hatte ausdrücklich betont: «Man war in der Unterkommission der Ansicht, das Fürstentum sei nicht genügend unabhängig.»

Das hing natürlich damit zusammen, dass Liechtenstein sich nach dem Ersten Weltkrieg von Österreich getrennt und an die Schweiz angelehnt hatte. Noch im Jahre 1919 wurde dem Fürstentum die Errichtung einer Gesandtschaft in Bern zugestanden, und die Schweizerische Eidgenossenschaft übernahm die diplomatische Vertretung Liechtensteins nach aussen. Prinz Karl von Liechtenstein hatte als Landesverweser im April 1919 dem schweizerischen Bundesrat Felix Calonder noch einen dritten Wunsch unterbreitet: den Abschluss von Verträgen, wie sie bisher zwischen Österreich und Liechtenstein bestanden hatten. Diesem Wunsch wurde schrittweise entsprochen:

- Am 1. Januar 1922 trat die Vereinbarung über das Postwesen in Kraft, das im «Geiste altnachbarlicher Freundschaft» die «Besorgung des Post-, Telegraphen- und Telephondienstes im Fürstentum Liechtenstein durch die schweizerische Post-, Telegraphen- und Telephonverwaltung» regelte;
- am 1. Januar 1924 wurde die Zollunion zwischen der Schweiz und Liechtenstein rechtskräftig, wodurch die Zollschranken zwischen den beiden Ländern entfielen, ausgenommen «die Beschränkungen, welche zulässig sind im Verkehr von Kanton zu Kanton».

Damit war Liechtenstein in einem wichtigen Teilbereich einem schweizerischen Kanton gleichgestellt; wenn man dann bedenkt, dass das Fürstentum mit Gesetz vom 26. Mai 1924 den Schweizer Franken zur ausschliesslichen gesetzlichen Währung des Landes erklärte, wäre man fast geneigt, den Satz, den Karl Huffnagl im Jahre 1900 in der Österreichisch-ungarischen Revue in bezug auf die Beziehungen zwischen dem Kaiserreich und dem Fürstentum geprägt hatte, auf die schweizerisch-liechtensteinischen Bindungen zu übertragen: «Man konnte Liechtenstein in mancher Hinsicht als Teil unserer Eidgenossenschaft (bei Huffnagl: Monarchie) betrachten.»

Kein Wunder also, dass dieses Verhältnis in Liechtenstein immer wieder diskutiert wird. Nicht in seinem Prinzip, aber in seiner Anwendung. Dabei gibt es zwei verschiedene Varianten von Kritikern:

- Den einen ist die Bindung zu eng, und sie fürchten um ihre Identität,
- die anderen fürchten, die Schweiz könnte früher oder später von Liechtenstein verlangen, «dass wir entweder selbst laufen lernen oder unsere Selbständigkeit weitgehend aufgeben».

Diese zweite Version stammt von keinem geringeren als von Erbprinz Hans Adam. Er hatte sie schon 1970 an einem Elternabend der Industriekammer in Triesen formuliert und dabei einer intensiveren Aussenpolitik des Fürstentums das Wort geredet: «Bei einem so kleinen Staat

Bis 1918 war Liechtenstein
nach Österreich ausgerichtet.
Die alte Grenztafel in Ruggell-
Bangs markierte die Souveräni-
täten des Fürstentums und des
Kaisertums. Heute bildet

Liechtenstein eine Wirtschaftseinheit mit der Schweiz.
An der österreichisch-liechten-
steinischen Grenze steht das
schweizerische Zollamt, allerdings
mit doppeltem Hoheitszeichen.

20

spielt die Aussenpolitik eine eminente Rolle. Selbst Grossstaaten wie die USA und die Sowjetunion konnten sich nur für kurze Zeit Isolationismus leisten. Unsere Politik der letzten siebzig Jahre kann man nicht einmal als Isolationspolitik bezeichnen, sondern vielmehr als das Umsteigen von einem Rucksack in den anderen.»

Die Kritik oder gar Skepsis, die sich in diesen beiden Richtungen widerspiegelt, wird natürlich unterstützt von einer nicht immer freundschaftlichen Haltung gewisser Schweizer. Das betrifft in keiner Weise die offiziellen Beziehungen, die ausgezeichnet sind, aber allzu viele Schweizer, vor allem Deutschschweizer, die mit Blick auf Deutschland von einem uneingestandenen Minderwertigkeitskomplex getragen sind, toben diesen gegenüber dem kleinen Fürstentum in unangebrachter Überheblichkeit aus:

- sie spotten über die Kleinheit dieses Landes, als ob der innere Wert eine Frage der Quadratkilometer wäre,
- sie belächeln den Fürsten, ohne sich zu vergegenwärtigen, dass er eine weit demokratischere Gesinnung an den Tag legt als manche Republikaner,
- sie mokieren sich über die Banken und Briefkästen, ohne sich bewusst zu sein, wie weit auch die Schweiz ihren Reichtum dem Dienstleistungsbereich verdankt.

Im Fürstentum selbst aber gibt es neben den Kritikern oder Skeptikern noch jene, die den erreichten Wohlstand einzig und allein dem Umstand zuschreiben, dass das Fürstentum seit dem Ersten Weltkrieg mit der Schweiz verbunden ist. Auch das ist eine Übertreibung, die einem Minderwertigkeitskomplex zuzuschreiben ist: Sicher hat der enge Kontakt mit der Schweiz wesentlich mitgeholfen, die Misere von 1918/19 zu überwinden, aber der Schritt zum heutigen Wohlstand ist eine liechtensteinische Leistung.

Während also die einen sich in der – nach Ansicht vieler: «verblassenden» – Sonne der Schweiz wohlfühlen, fürchten die anderen, der Kleinstaat Liechtenstein könnte den Anschluss verpassen. Erbprinz Hans Adam hatte das so formuliert: «Wenn wir in einem Vereinten Europa nur den Status eines Beobachters haben, ist es besser, wir bitten die Schweiz, Liechtenstein als Kanton aufzunehmen. Unsere Bevölkerung ist dann in Bern im Parlament direkt vertreten, und die Schweiz könnte sich für unsere Interessen mit sehr viel mehr Recht und Gewicht in Brüssel einsetzen. Vielleicht können wir sogar unsere Briefmarkenausgabe zur Finanzierung unseres Budgets behalten, ebenso wie einen Fürsten im Schloss als Touristenattraktion.»

21

Das waren recht deutliche, in den Ohren vieler sogar zu harte Worte des damals 25jährigen Erbprinzen. Vielleicht wäre er heute, da er seit 1984 offiziell die Stellvertretung seines Vaters, des Fürsten Franz Josef II., innehat, etwas zurückhaltender, aber in seiner Sorge um das Land, das die richtige Gelegenheit versäumen könnte, ist er zweifellos der gleiche geblieben. Insofern könnte er wohl der Überschrift dieses Kapitels – wenn auch im übertragenen Sinn – zustimmen: «Augen auf, sonst ist es vorbei...»

Der Fürst:

«Keine Besichtigung»

Für die uneingeweihten Besucher bedeuten die Tafeln, die an der Zufahrtsstrasse, aber auch an all den Fusswegen, die zum Vaduzer Schloss hinaufführen, eine Enttäuschung. «Keine Besichtigung» heisst es dort schlicht und unmissverständlich. Und dabei hatten sie sich doch so sehr gefreut, ein Schloss, das noch «in Betrieb» ist, zu betreten. Sie dachten an Schönbrunn in Wien und an Versailles in Paris – und gerade diese Vergleiche zeigen den Unterschied an. Schönbrunn und Versailles sind Museen, die höchstens fallweise von republikanischen Autoritäten benutzt werden, wenn monarchischer Prunk besonders gefragt ist.

Schloss Vaduz ist in doppeltem Sinn etwas anderes: Es ist kein Museum, sondern Heim der fürstlichen Familie, und es hat nichts mit dem aufdringlichen Prunk vergangener Kaiserreiche gemeinsam, wird es doch von Menschen bewohnt, denen Pracht und Pomp zuwider ist.

Fürst Franz Josef II. nahm als erster Regent im Fürstentum Wohnsitz. Das war im Jahre 1938, so dass man geneigt wäre anzunehmen, er sei aus dem vom Dritten Reich vereinnahmten Wien nach Vaduz geflüchtet. Der Schein trügt. Schon lange vor dem gewaltsamen Eroberungsakt Hitlers vom 11. März 1938 hatte der spätere Fürst erklärt, er werde in seinem Land und bei seinem Volke Wohnsitz nehmen.

Schon zur Zeit, da Prinz Franz Josef noch das Schottengymnasium in Wien besuchte, wurde er Thronfolger, weil sowohl Fürst Johann II. (geboren 1840, Regierungsantritt 1858, gestorben 1929) als auch dessen Bruder Fürst Franz I. (geboren 1853, Regierungsantritt 1929, gestorben 1938) ohne Nachkommen waren und da sowohl ein Onkel des Prinzen und sein Vater, die nach den Hausgesetzen zur Erbfolge bestimmt gewesen wären, verzichteten.

Franz Josef studierte dann an der Wiener Hochschule für Bodenkultur Forstwirtschaft, um sich mit Sachkenntnis den ausgedehnten Wäldereien widmen zu können, die vor allem in Österreich und in der Tschechoslowakei zum Besitztum der Familie gehörten.

Schon am 17. April 1930 wurde der damals 24jährige Prinz vom regierenden Fürsten Franz I. mit der fallweisen Vertretung nach aussen und

Das Schloss Vaduz ist 1332 erstmals als Besitz der Grafen von Werdenberg urkundlich erwähnt. Im Schwabenkrieg war es durch die Eidgenossen weitgehend niedergebrannt worden. Durch die Grafen von Sulz und von Hohenems wieder aufgebaut und erweitert, ging es dann in den Besitz des Fürsten von Liechtenstein über. Seit 1938 ist es Wohnsitz des Landesfürsten. Es ist das Wahrzeichen des Landes.

der Ausübung von Hoheitsrechten betraut, um am 30. März 1938 anstelle des greisen Fürsten die Regentschaft zu übernehmen. Das war die kritische Zeit nach der Besetzung Österreichs durch Nazi-Deutschland, doch hatte sich der liechtensteinische Landtag in einer feierlichen Erklärung einstimmig «für die Beibehaltung der Selbständigkeit des Fürstentums» ausgesprochen.

Am 25. Juli 1938 starb dann Fürst Franz I., und Prinzregent Franz Josef übernahm als Fürst Franz Josef II. die Stellung des regierenden Fürsten.

Das Fürstentum hatte damals zwei Nachbarn: die kleine Schweiz, mit der es wirtschaftlich und auch freundschaftlich verbunden war, und das mächtige Grossdeutschland, dessen Machthunger noch keineswegs gestillt war. Diesen beiden Nachbarn galten die ersten Auslandsbesuche des neuen Fürsten. Zuerst begab er sich nach Bern, wo er vom Bundesrat empfangen wurde, und dann am 2. März 1939 nach Berlin zu Adolf Hitler. Vielerorts wurde dies als «Wallfahrt» zum Führer angesehen, doch der Fürst erklärte seine Reise anders: «Ich bin zu ihm gegangen, weil er bekanntlich sehr eitel war.» Mit anderen Worten, es sollte alles getan werden, um nicht Hitlers Unwillen auf Liechtenstein zu lenken. Auf die Frage, welchen Eindruck Hitler auf ihn gemacht habe, erklärte der Fürst: «Gar keinen! Unbedeutend!» Wenn man sich vergegenwärtigt, dass Fürst Franz Josef II. nie ein Freund der Schwätzer war und dass er im Zwiegespräch jedes Wort überlegend abwägt, so erscheint seine Bemerkung in einem besonderen Licht: «Hitler war sehr verlegen, ich habe immer das Wort ergreifen und ihm ein Thema geben müssen, damit er antworten konnte. Sein Mund ist automatisch gegangen, wie wenn er nicht zu Hitler gehört hätte; also ein schwerer Psychopath.»

Der Staatsbesuch in Berlin hinderte aber ein paar Dutzend fanatische Nationalsozialisten nicht (oder sind sie dadurch sogar animiert worden?), in der Nacht vom 24. auf den 25. März 1939 einen Putschversuch zu unternehmen, der jedoch von der Polizei und vor allem den fürsten- und vaterlandstreuen Liechtensteinern niedergeschlagen wurde.

Seine Einigkeit bewies das Volk wenig später, als es sich am Pfingst-montag, den 29. Mai, zur Fürstenhuldigung aufs Schloss begab. Fürst und Volk gelobten sich gegenseitige Treue: «Ich schwöre Treue mei-nem Volke, mein Volk in Gemässheit der Verfassung und Gesetze zu regieren, es in seinen Rechten zu erhalten und zu schützen und all das vorzukehren, was zur Erhaltung, zur Sicherheit und zur Wohlfahrt meines Volkes dient. So wahr mir Gott helfe!» Nach diesem Eid von Fürst Franz Josef II. erhob das Volk die Schwurfinger: «Wir schwören Treue unserem Fürsten, Beobachtung der Verfassung und Gehorsam den Gesetzen sowie in Gemässheit der Verfassung und der Gesetze in allem dem zu dienen, was zur Erhaltung der Sicherheit und der Wohl-fahrt unserer Heimat frommt. So wahr uns Gott helfe.»

Fürst Franz Josef II. ist ein Mann, für den die Welt vor dem Ersten Weltkrieg noch die «heile Welt» war. Dabei ist er alles andere als ein rückwärtsblickender Mensch, aber er ist überzeugt, dass die damaligen Hierarchien zum Wohle der Allgemeinheit waren, und unter Hierar-chie versteht er nicht etwa das Vorrecht von oben nach unten, sondern die höhere Verantwortung und die Rücksichtnahme auf die Untergebe-nen. Das hängt nicht zuletzt auch mit seiner religiösen Einstellung zusammen, denn Religion bedeutet für ihn «die Einstellung zur Welt und zu den Mitmenschen». Religion ist für ihn also nicht eine institu-tionelle Haltung, sondern eine innere Gesinnung: «Ich verehre Gott und beachte deshalb auch sein Gebot, dass man den Nächsten so lieben soll wie sich selbst.» Trotzdem will er den Entscheid, religiös oder nicht religiös zu sein, jedem einzelnen überlassen, «weil der Mensch ja von Gott als ein freies Individuum geschaffen ist».

Am Sonntag, den 7. März 1943, erlebte Liechtenstein ein Fest, wie es zuvor noch nie die Herzen der Bürger erfreut hatte: Zum ersten Mal feierte ein Monarch im Lande selbst Hochzeit. Die Auserwählte war Gräfin Gina von Wilczek, geboren am 24. Oktober 1921 in Graz (Steier-mark/Österreich). Ihr Urgrossvater Graf Hans Wilczek (1837–1922) war übrigens ein Freund des liechtensteinischen Fürsten Johannes II. des Guten, mit dem er die Restauration des Schlosses Vaduz ausführte. Bestimmt hatten sich die beiden damals nicht vorgestellt, dass die junge Gräfin Gina mit ihren 22 Jahren Fürstin von Liechtenstein und damit Schlossherrin von Vaduz werden würde.

Als die junge Gräfin, begleitet von ihrem Vater, mitten im Krieg von Wien nach Liechtenstein reiste, hielt der Zug, der normalerweise das vorarlbergische Feldkirch mit dem sanktgallischen Buchs direkt ver-bindet, im Fürstentum an. Beim ungebrauchten, ausrangierten Bahnhof warteten der Fürst, die fürstliche Regierung, eine Parlamentsdelegation, eine Blaskapelle, Blumenmädchen und viel Volk. «Ich habe eigentlich sofort das Gefühl gehabt, hier gehöre ich hin», erinnert sich die Fürstin mehr als vierzig Jahre später. «Jedenfalls war die Bevölkerung von Anfang an furchtbar nett zu mir», sagt sie, «und das ist auch so geblieben.»

Von nun an also residierte auf Schloss Vaduz ein Fürstenpaar.

Die Stellung des Fürsten in der parlamentarischen Monarchie Liechtenstein ist klar umschrieben. Der Fürst steht nicht ausser oder über dem Staat, und er übt im Staat auch nicht eigenes Recht aus. Das Recht im Staat, das ihm zusteht, übt er nur als Organ dieses Staates aus.

Ein Republikaner könnte sich gar nichts anderes vorstellen, doch muss man bedenken, dass sich im Mittelalter viele Fürsten eigene Hausgesetze gegeben hatten. Dem Fürstenhaus der Liechtenstein haben die eigenen Hausgesetze zweifellos geholfen, die Wirren der Jahrhunderte zu überdauern. Unter Berufung auf die liechtensteinische Erbunion vom Jahre 1606 und das Testament des Fürsten Hartmann vom Jahre 1672 war der liechtensteinische Familienvertrag im Jahre 1893 im österreichischen Reichsgesetzblatt veröffentlicht worden und hatte somit die österreichische gesetzliche Genehmigung erhalten. Dieses Nebeneinander ist zum gegenseitigen Frommen geregelt.

Die Hausgesetze sind auch in der heute geltenden liechtensteinischen Verfassung erwähnt, allerdings nur im Zusammenhang mit der erblichen Thronfolge. Die Staatsgewalt selbst aber ist, wie es im Artikel 2 wörtlich heisst, «im Fürsten und im Volke verankert und wird von beiden nach Massgabe der Bestimmungen dieser Verfassung ausgeübt.»

Der Fürst ist Staatsoberhaupt, vertritt den Staat gegenüber auswärtigen Staaten, kann aber Staatsverträge, durch die das Fürstentum neue Lasten übernehmen muss, nur mit Zustimmung des Landtages, also des Parlaments abschliessen. Anderseits bedarf jedes Gesetz zu seiner Gültigkeit der Sanktion des Landesfürsten.

Trotz dieses ihm zustehenden Rechts ist bisher vom Fürsten noch nie ein Gesetz verhindert worden: «Es ist nie dazu gekommen. Wenn nämlich die Regierung im Parlament ein Gesetz einbringt, wird dies vorgängig mit mir besprochen. Genau so geschieht es mit Änderungen, die vom Parlament beantragt werden oder wenn ein einzelner Abgeordneter die Initiative zu einem Gesetz ergreift. Wenn ich dann verfassungsmässige Bedenken habe, so melde ich diese an. Es kommt nie zu einem Veto, weil man sich vorher einigt. Das einzige Mal, da ich nicht

Vorhergehende Doppelseite:
Wenn man den inneren Schlosshof betritt, hat man den Eindruck, in eine andere Welt ver-
setzt zu sein. Deutlich sind die
verschiedenen baugeschicht-
lichen Epochen erkennbar.

Aber wenn dann Prinz «Maxi»
mit dem Moto-Cross-Rad
aus der Rüstkammer heraus
durch den Schlosshof
und über die Holzbrücke ins
Freie braust, wird einem die
neueste Periode bewusst.

zugestimmt habe, das betraf eine Volksinitiative bezüglich des Jagdge-
setzes. Der Landtag hatte das Jagdgesetz geändert, worauf eine Initiative eingebracht wurde, durch die der Beschluss des Landtages hätte
umgestossen werden sollen. Die Änderung hätte dem Rest des alten
Gesetzes, der hätte weiterbestehen sollen, widersprochen. Da habe ich
gesagt: Das kommt gar nicht in Frage. Der Landtag hat dann eine neue,
klügere Fassung beraten. Es war an sich eine unwichtige Sache, aber
aus Prinzip habe ich opponieren müssen.» Der Fürst unterstreicht
jedoch entschieden: «Es handelt sich nicht um ein Veto, sondern es
braucht, damit ein Gesetz zustandekommt, die Zustimmung des Landtages, beziehungsweise des Volkes, und des Fürsten.»
Fürst Franz Josef II. möchte, obwohl er selbst den Staat verkörpert, ein
Überborden der Staatsmacht unter allen Umständen verhindern. Allerdings ist seiner Meinung nach diese Gefahr im Fürstentum kaum vorhanden, «weil die Bürokratie sich nicht so auswachsen kann.» Nebst
vielen anderen ist das eine Überlegung, die ihn – wie er im persönlichen Gespräch betonte – veranlasst, sich gegen den Zusammenschluss
zu grossen Blöcken zu wenden: «Sicher muss es eine gewisse Zusammenarbeit in Europa geben; die Europäische Gemeinschaft ist sicher
eine gute Idee, aber sie darf nie zu zentralistisch werden.» Fürst Franz
Josef II. bekennt sich also eher zu einem «Europa der Vaterländer»,
was aus der Sicht des von ihm geführten Kleinstaates mehr als verständlich ist.
So klar umschrieben die Stellung des Fürsten ist, so unbeschrieben ist
jene der Fürstin. Solange nämlich die Fürsten in Wien oder sonstwo in
Ostösterreich residierten, waren deren Gattinnen nie mit dem Volk in
Liechtenstein in Kontakt gekommen. Nun aber lebte das Fürstenpaar
und eineinhalb Jahre später eine fürstliche Familie im Land und – trotz
der Erhabenheit des Schlosses – mit dem Volk. Wie war das 1943 für
die junge Gräfin Gina von Wilczek, die der Heirat wegen nicht nur ihre
Heimat verliess, sondern gleichzeitig in den Fürstenstand erhoben wurde? «Ich glaube», erinnert sich heute die Fürstin, «ich habe mir darüber nicht so viel Gedanken gemacht. Ich habe schon gewusst, dass ich 30

jetzt eine Aufgabe habe, die über das normale Mass von dem, was ich mir eigentlich erwartet habe, hinausgeht.» Welches aber war und ist die Aufgabe einer Fürstin? «Da wir die ersten waren, die im Lande Wohnsitz genommen hatten, konnte man, ich möchte sagen, von Null an etwas gestalten. Das hat sich einfach aus den Anforderungen, aus den Situationen ergeben.»

Eine der Situationen, aus denen heraus Fürstin Gina eingriff, war das Ende des Zweiten Weltkrieges. Ein halbes Jahr nach der «Märchenhochzeit» hatte die Kriegsfurie an die Grenze des Kleinstaates gepoltert: Am 1. Oktober 1943 warfen 15 amerikanische Bomber, von deutschen Jägern verfolgt, ihre für die Wiener-Neustädter Industrie bestimmte todbringende Bombenlast über das grenznahe Tisis und Tosters ab. An die 200 Todesopfer waren zu beklagen. Kurz darnach trat das Fürstentum der «Genfer Konvention» bei, worauf noch vor Kriegsende, am 30. April 1945, das Liechtensteinische Rote Kreuz gegründet wurde. Es war der Initiative der Fürstin zu verdanken, die sich dann während vier Jahrzehnten tatkräftig und selbstlos für die hehre Idee von Henri Dunant einsetzte. Schon in der allerersten Zeit ihrer Tätigkeit stand die Fürstin mit ihrem Roten Kreuz vor fast nicht zu bewältigenden Aufgaben. Allein in den Tagen vom 24. April bis zum 2. Mai 1945 waren 7037 Flüchtlinge über Schaanwald ins Ländchen geströmt, mehr als die Hälfte der Zahl der liechtensteinischen Bevölkerung. Am 2. Mai erhielten noch etwa 600 russische Soldaten, grösstenteils Angehörige der auf deutscher Seite kämpfenden «1. Russischen National-Armee», Asyl. Auf diese Weise konnten sie der Gefangenschaft durch die Westalliierten entgehen, denn auf Grund des Vertrages von Jalta hätten sie von diesen an die Sowjetunion ausgeliefert werden müssen. Während Monaten versuchte dann eine sowjetische Kommission, die Rückführung dieser Soldaten zu erreichen, doch Liechtenstein lehnte entschieden ab. 1947 konnten die Flüchtlinge nach Argentinien auswandern, und der russische Metropolit in Zürich dankte als «Oberhaupt der russisch-orthodoxen Kirche im Ausland» Liechtenstein für die erwiesene Hilfe, «welche in einem solchen Masse von keiner sonstigen Regierung Kriegsflüchtlinge erhalten haben.»

Am 8. Mai 1985, genau 157 Jahre nach der Geburt Henri Dunants und 40 Jahre nach dem Ende des Zweiten Weltkrieges, trat Fürstin Gina das Präsidium des Liechtensteinischen Roten Kreuzes an ihre Schwiegertochter Erbprinzessin Marie Aglae ab, die von ihr auch den Vorsitz über den Heilpädagogischen Verein übernahm. Das sind nur zwei Beispiele, um zu illustrieren, wie die Fürstin ihre Aufgabe verstand:

Dienst am Volk in erster Linie, Dienst aber auch an allen, die Hilfe brauchen. Sie macht das aber nicht «von oben herab», sondern ist für die Liechtensteiner fast wie eine der Ihren. Genau wie der Fürst, der auf seinen Wanderungen durch die wunderschöne Natur mit dem Förster oder einem Wildhüter, einem Bergler oder auch einem einfachen Spaziergänger plaudert, so setzt sich die Fürstin, wenn sie ihrem Lieblingssport, dem Fischen, frönt, mit anderen Hobbyfischern von gleich zu gleich zusammen, oder sie besucht von sich aus, ganz ohne Protokoll, alte und kranke Leute im Land. Fürstin Gina ist Mutter von vier Söhnen und einer Tochter, sie ist aber darüber hinaus eine wirkliche Landesmutter.

Als Fürst Franz Josef II. im Sommer 1984 die Regierungsgeschäfte stellvertretenderweise seinem Sohn Erbprinz Hans Adam übergab und sich das Fürstenpaar folgerichtig für eine gewisse Zeit in das familieneigene Schloss Sparbach bei Wien zurückzog, war dies vor allem für die Fürstin Gina eine harte Umstellung. Der Fürstin von Liechtenstein fehlte Liechtenstein. Sparbach verglich sie in Anlehnung an die witzige Anekdote eines Appenzellers mit Paris. Als man ihn nach seiner Rückkehr aus Paris fragte, wie es ihm gefallen habe, antwortete er: «Es ist herrlich, aber weit weg von allem!» Und so fühlte sich Fürstin Gina in Sparbach: Weit weg von allen lieben Liechtensteinern!

Die Institution der Stellvertretung bot aber auch den liechtensteinischen Bürgern einige Schwierigkeiten. Nicht etwa, dass man sie ablehnte, und noch weniger, dass man etwas gegen den Erbprinzen einzuwenden gehabt hätte, aber die Mühe, sich an die Umstellung zu gewöhnen, war das Resultat einer jahrzehntelangen Verbundenheit und einer Hierarchie, die sich eingespielt hatte.

Erbprinz Hans Adam, geboren am 14. Februar 1945, hatte sich schon zu Beginn seiner Studien vor allem den Problemen der Wirtschaft und der Wirtschaftspolitik gewidmet. Nach Abschluss des Gymnasiums bei den «Schotten» in Wien und im Lyzeum Alpinum in Zuoz (Schweiz) hatte er als Praktikant in einer Londoner Bank gearbeitet, bevor er sich an der Hochschule St. Gallen für das Studium der Nationalökonomie einschrieb, das er 1969 mit dem Lizenziat beendete.

Das war die richtige Voraussetzung für die erste grosse Aufgabe, die dem jungen Erbprinzen übertragen wurde: die Verwaltung des fürstlichen Vermögens. Man plaudert kaum Geheimnisse aus, wenn man erwähnt, dass es vorher um diese Verwaltung nicht zum besten stand. Einerseits war daran der Zweite Weltkrieg schuld, durch den der Fürst von Liechtenstein nicht weniger als vier Fünftel seines Vermögens

Fürst Franz Josef II. von und zu
Liechtenstein und Fürstin Gina
haben die Herzen aller Liechtensteiner erobert. Sie stehen
einer Monarchie vor, die demo-
kratischer aufgebaut ist und
freiheitlicher gehandhabt wird
als manche Republik. Seit
48 Jahren ist Franz Josef II.
Landesfürst und hat das kleine
Fürstentum durch schwere
Zeiten zum Wohlstand geführt.

(hauptsächlich in der Tschechoslowakei) verloren hatte. Anderseits aber hatten sich lange Zeit unerfahrene, teilweise auch egoistische Leute in die Vermögensverwaltung eingemischt, so dass eine Reorganisation dringend notwendig wurde. Hans Adam wurde zunächst stellvertretender Vorsitzender des Stiftungsrates und Leiter des Sekretariats der 1970 gegründeten «Fürst von Liechtenstein-Stiftung» und 1972 verlieh ihm der Fürst eine Generalvollmacht zur Führung und Verwaltung des fürstlichen Vermögens in Liechtenstein und Österreich, das sich damals wie folgt gliederte:

- Forstwirtschaft in Österreich mit einem Haflingergestüt,
- Landwirtschaft in Niederösterreich mit Getreide- und Maisbau, Weinbergen und Schweinemast,
- Liegenschaftsverwaltung mit dem Palais Liechtenstein an der Bankgasse in Wien (teilweise vermietet), dem Palais an der Johannesgasse in Wien und dem Palais an der Alserbachstrasse,
- die fürstlichen Sammlungen mit Gemälden, Zeichnungen, Grafik, Möbeln, Plastiken, Porzellan, Keramik, Silber, Gold, Bibliothek und Archiv,
- fürstliche Forst- und Domänenverwaltung Vaduz mit Grundbesitz, Wald und kleine Landwirtschaft, ein Bockwingert und das Restaurant Torkel,
- die «Bank in Liechtenstein AG».

Erbprinz Hans Adam hatte in der Vermögensverwaltung eine besonders geschickte Hand. Schon 1974 konnte das «Liechtensteiner Volksblatt» melden: «Innerhalb der letzten vier Jahre ist es Seiner Durchlaucht dem Erbprinzen gelungen, die Fürstliche Vermögensverwaltung durch Straffung und Koordination aus den roten Zahlen herauszuführen. Die Substanzverluste konnten erfolgreich abgestoppt und nach und nach in Gewinne umgewandelt werden.»

Hans Adam war aber von Anfang an zur Nachfolge seines Vaters berufen. Er sollte einmal als 13. Fürst von und zu Liechtenstein die Macht im kleinen Land am jungen Rhein übernehmen. Ihn darauf vorzubereiten, war das Hauptanliegen der Eltern. Aus diesem Grund suchten sie ihn so bald wie möglich in der Vermögensverwaltung zu entlasten, damit er sich seinen künftigen Verpflichtungen widmen könnte. So wurde vor rund fünf Jahren der schwedische Bankkaufmann Christian Norgren nach Vaduz berufen. Als Generalbevollmächtigter der «Fürst von Liechtenstein-Stiftung» und als Verwaltungsratspräsident der in die Stiftung eingegliederten «Bank in Liechtenstein AG» ist er nun der Hauptverantwortliche, und Hans Adam konnte in 34 die neue Rolle hineinwachsen. Schon vor zwölf Jahren hatte er jedoch betont, er könne sich nicht vorstellen, die Nachfolge des Vaters schon zu dessen Lebzeiten anzutreten; realistischer, so hatte er damals erklärt, könnte eines Tages die Möglichkeit der Übertragung einzelner Kompetenzen vom Landesfürsten auf den Erbprinzen werden.

Genau das ist im Sommer 1984 geschehen. Mit Verfassungsgesetz vom 28. Juni 1984 wurde bestimmt: «Der Landesfürst kann den nächsterbfolgeberechtigten volljährigen Prinzen seines Hauses wegen vorübergehender Verhinderung oder zur Vorbereitung für die Regierungsnachfolge als seinen Stellvertreter mit der Ausübung ihm zustehender Hoheitsrechte betrauen.» Der Fürst bleibt Staatsoberhaupt und wird, wie er dies zum voraus angekündigt hatte, «am Geschehen unseres Staates weiterhin regen Anteil nehmen». Zudem handelt sein Sohn nicht aus eigenem Recht, sondern als Stellvertreter. Der Wille des Landesfürsten bleibt bestimmend.

Das klingt einseitig, aber in Wirklichkeit sprechen sich Fürst und Stellvertreter vorher ab, um zu einem Konsens, einem gemeinsamen Entscheid zu gelangen, so wie sie es auch weitgehend schon in den letzten Jahren gehandhabt hatten, bevor der Erbprinz offiziell die Mitverantwortung zu tragen hatte.

Die beiden Damen des Fürstenhauses wirken zudem wie «Sekundantinnen» ihrer Gatten: So wie Fürstin Gina im Dialog mit dem Fürsten ein gewichtiges Wort zu sagen hat, so ist die Erbprinzessin eine einflussreiche Gesprächspartnerin des Erbprinzen. Auf diese Weise kommt sogar in einer patriarchalischen Monarchie das weibliche Element zu seinem Recht.

Erbprinzessin Marie Aglae besticht durch ihr geistreiches Wesen und ihren Kunstverstand. Während des Krieges als Tochter des Grafen Ferdinand Carl Kinsky in Prag geboren, hatte sie im Internat der Lioba-Schwestern im württembergischen Kloster Wald das Realgymnasium absolviert und nachher in München das Studium für Gebrauchsgraphik mit Diplom abgeschlossen. Nach ihrer Vermählung mit dem damals zweiundzwanzigjährigen Erbprinzen von Liechtenstein wohnte das Paar zunächst im «Alten Forsthaus» neben dem Schloss, übersiedelte aber 1974 in das alte Vaduzer Schloss selbst, und die geschmackvolle Einrichtung, in der sich Modernes mit Antikem paarte, trug massgeblich die Züge der Erbprinzessin.

Kunst und Kultur gehören zu ihrem besonderen Anliegen. Sie ist mit echtem Engagement Ehrenvorsitzende des weit über die Grenzen des Landes bekannten und anerkannten «Theaters am Kirchplatz» in

In der Treppenhalle des Schlosses Vaduz finden die offiziellen Empfänge statt. Dieser grossartige und doch intime Repräsentationsraum im Südtrakt, angelehnt an das Südrondell, ist mit wunderbaren Gobelins geschmückt, hinter der Sitzgruppe zum Beispiel die Trilogie «Klage der Daphne» aus einer Brüsseler Manufaktur.

Erbprinz Hans Adam, der Nationalökonom mit politischem Interesse, und Erbprinzessin Marie Aglae, Kunstfreundin mit sozialem Engagement, ergänzen sich bestens, um einst die Führung auf Schloss Vaduz zu übernehmen. Seit 1984 ist Hans Adam mit der Stellvertretung des Fürsten betraut, und Marie Aglae hat viele Aufgaben von Fürstin Gina übernommen.

Schaan, kümmert sich als moderne junge Frau um den Umweltschutz und widmet sich als Mutter von vier Kindern, die alle in Vaduz die Volksschule besuchten, intensiv dem schulischen Bereich. In die Fussstapfen der Fürstin ist sie bereits als Vorsitzende des Vereins für heilpädagogische Hilfe und des Liechtensteinischen Roten Kreuzes getreten.

Die drei «Schloss-Generationen» veranschaulichen den Wandel der Zeit und die Beständigkeit der Zeit:

– Fürst Franz Josef II., der in alter kaiserlicher Tradition aufgewachsene Habsburg-Nachfahre, und Fürstin Gina, die in ihrem Charme und Tatendrang Charakterzüge ihrer Vorfahren väterlicher- und mütterlicherseits verkörpert. Ihre Mutter, geborene Gräfin Nora Kinsky, war 1916 in Ost-Sibirien vom Roten Kreuz mit der Inspektion der österreichisch-ungarischen Kriegsgefangenen betraut, und ein Graf Wilczek hatte eine österreichische Expedition finanziert, die 1873 im Nordpolarmeer die Inselgruppe Franz-Joseph-Land entdeckte, zu der auch Wilczek-Land gehört.

– Der nach dem Erbprinzen Hans Adam zweitgeborene Prinz Philipp Erasmus (40 Jahre alt), verheiratet mit der belgischen Prinzessin Isabelle de l'Arbre de Malander, ist ein internationaler Bankfachmann und als solcher Vizepräsident der fürsteneigenen «Bank in Liechtenstein AG».

– Prinz Nikolaus Ferdinand (39), verheiratet mit Prinzessin Margaretha von Luxemburg, steht in Staatsdiensten. Er vertritt Liechtenstein beim Europarat in Strassburg und ist Botschafter beim Vatikan. Im Oktober 1985 hat er vor der UNO-Vollversammlung eine vielbeachtete Rede gehalten, obwohl das Fürstentum (noch) nicht Mitglied der Vereinigten Nationen ist, aber nach Ansicht des Erbprinzen schon längst sein sollte. Prinz Nikolaus und seine Gattin Prinzessin Margaretha sind als begeisterte Pfadfinder eng mit der Jugend verbunden.

– Auch Prinzessin Nora Elisabeth (35) hat sich den Idealen Baden-Powells verschrieben; sie ist aber auch Präsidentin des Nationalen Olympischen Komitees und Mitglied des Internatonalen Olympischen Komitees (IOK). Mit besonderem Engagement ist sie als Geschäftsführerin des in Vaduz etablierten «Instituts für Erwachsenenbildung in Ibero-Amerika» tätig. Sie widmet sich dabei beispiellos dem Radiobildungsprogramm in Costa Rica und hilft den dortigen Analphabetismus bekämpfen und den Bildungsstand verbessern.

– Prinz Franz Josef Wenzel (24) hat in Ermangelung einer fürstlichen

Armee in der königlichen Militärakademie Sandhurst in Grossbritannien eine Offizierausbildung absolviert und gibt sich seit 1983 in Freiburg im Üechtland (Schweiz) dem Medizinstudium hin.

– Schliesslich noch die dritte Generation, nämlich die vier Kinder des Erbprinzenpaares: Prinz Alois (geb. 1968), Prinz Maximilian (1969), Prinz Constantin (1972) und Prinzessin Tatjana (1973). Man muss sie beim Fussballspiel mit ihrem Vater im Schlossgarten gesehen haben, oder wenn Max mit seinem Moto-Cross-Rad über schmale Feldwege rast oder gar mit Kameraden auf dem Schlossdach herumkraxelt... Dann spätestens wird man erkannt haben, dass die neue Zeit auch in die heile Welt der fürstlichen Erziehung Einzug gehalten hat!

Läutet diese neue Zeit das Ende der Monarchie ein? Es gibt Stimmen, die eine solche Entwicklung voraussagen. Eine sehr bekannte Liechtensteinerin, allerdings aus der Schweiz im Fürstentum eingeheiratet, meint: «Fürst Franz Josef II. ist eine erhabene Gestalt. Zu ihm kann man hinaufblicken. Erbprinz Hans Adam jedoch, der ein prächtiger junger Mann ist, hat wenig mehr von dieser Aura, von dieser fürstlichen Patina. Er ist hier zur Schule gegangen, hat Freunde auf Du und Du, Angestellte und Gewerbetreibende, Bankdirektoren und Arbeiter. Das ist gut so, aber es verändert die Voraussetzungen. Wenn Sie mich fragen: Ich glaube, dass der nächste, sicher aber der übernächste Fürst so etwas wie ein Staatspräsident sein wird, allerdings ein 'Erb-Präsident'.»

Wenn man Napoleon I. glauben darf, wäre das schon ein riesiger Vorteil, denn in seinen «Maximes et Pensées» hat er unmissverständlich erklärt: «Es gibt mehr Chancen, einen guten Souverän durch Vererbung als durch Wahl zu finden.» Und Napoleon weiss, wovon er spricht: Er ist ja nicht durch Vererbung Monarch geworden! Aber wäre ein «Erb-Präsident» die Lösung für Liechtenstein? Wohl kaum! Wäre 1918 beim Zusammenbruch der österreichisch-ungarischen Doppelmonarchie, spätestens aber 1938, als Adolf Hitler Österreich zur Ostmark degradierte, in Liechtenstein ein Präsident und nicht ein Fürst an der Spitze gestanden, so wäre das kleine Land zweifellos von der Landkarte verschwunden. Die meisten Liechtensteiner, auch wenn sie es nicht immer zugeben wollen, wissen, was ihnen der Fürst bedeutet, und so konnte denn Fürst Franz Josef II. in seiner Thronrede vor dem Landtag, also dem Parlament, am 6. April 1983 voller Hoffnung erklären: «Der Weg, den ich zu gehen hatte, war mir vorgezeichnet durch die kluge und vorbildliche Einstellung des Volkes. Ich bin überzeugt, dass auch die heutige Jugend von Liechtenstein in späteren Jahren,

Hans Adam und Marie Aglae
mit ihren Söhnen Alois,
Constantin und Maximilian
und der Tochter Tatjana. Damit
leben bereits drei Generationen
nebeneinander auf Schloss Vaduz.

Der Erbprinz trägt den Namen
jenes Fürsten, der den Grundstein zum Fürstentum gelegt
hatte. Die Erbprinzenfamilie
ist Garant der Verbindung von
Tradition und Gegenwart.

wenn jemand anderer die Pflichten des Fürsten ausübt, für ihn in gleicher Weise ein vorbildlicher Mitsouverän und Kamerad sein wird; die liechtensteinische Jugend braucht nur sich treu zu bleiben und unerwünschte und unaufrichtige Ratschläge von fremder Seite nicht zu beachten.»

Niemand zweifelt an den ausserordentlichen Fähigkeiten des künftigen Fürsten Hans Adam, aber jedermann ist überzeugt, dass die Monarchie unter seiner Führung eine andere sein wird. Das ist nicht verwunderlich, denn schliesslich sind auch die Republiken von 1986 nicht mehr die gleichen wie vor einem halben Jahrhundert. Eine Befürchtung, die gelegentlich laut wird, betrifft die moderne Haltung des Erbprinzen. Er könnte, so bangt man, den Staat wie ein Wirtschaftsunternehmen «managen» wollen. Es ist nicht von der Hand zu weisen, dass diese «Gefahr» besteht. Aber ist es wirklich eine Gefahr? Gehört es nicht vielmehr gerade zur modernen Entwicklung, auch in der Staatsführung die neuen Erkenntnisse nutzbringend anzuwenden? Vor allem aber darf ja nicht übersehen werden, dass auch ein Wirtschaftsunternehmen nicht mehr das gleiche ist wie vor einigen Jahrzehnten. Demokratische Führungsprinzipien haben sich durchgesetzt, und diesen hat Hans Adam in der Zeit, da er sich ausschliesslich der Vermögensverwaltung gewidmet hat, stets Rechnung getragen. Es ist nicht einzusehen, warum er – einmal Fürst – davon Abstand nehmen sollte. Allerdings wird er sich bewusst werden müssen, dass sich in der Führung der demokratischen Monarchie zwei Ebenen auf gleichem Niveau begegnen: die beiden Souveränitäten, Fürst und Volk. Liechtensteins Monarchie baut auf dem Gedanken des Gleichgewichtes von Monarchie und Demokratie auf, das nicht umgestossen werden darf. Aber auch ein Wirtschaftsmanager kann in einem mehr oder weniger demokratisierten Unternehmen das Gleichgewicht nicht stören, ohne das Funktionieren zu gefährden. Insofern könnte zukunftsweisend ein gesundes «Management» auch im Staat nur von Vorteil sein. Dem Manchester-Kapitalismus ist längst der Manager-Liberalismus gefolgt.

Für Fürst Franz Josef II. von und zu Liechtenstein ist die Frage «Monarchie oder Republik?» keine grundsätzliche Gewissensfrage. Entscheidend ist seiner Meinung nach, dass das betreffende oder – wenn man so will – betroffene Volk zu seinem Wohle regiert werde. «Ich war immer der Ansicht», hat er einmal gesagt, «dass für einen Staatsmann, für einen Politiker, die Grösse der Geistesgaben vielleicht nicht so wichtig ist wie seine Charaktereigenschaften.» Und er fügte an, er habe sich immer bemüht, seinen Kindern «beizubringen, stets an sich selber zu arbeiten». Wenn diese Erziehungsarbeit gelungen ist – und es gibt keinen Grund, daran zu zweifeln – so ist auch die demokratische Monarchie im Fürstentum Liechtenstein gesichert.

So lange wie sein Taufpate Franz Joseph I. von Österreich ist Fürst Franz Josef II. von Liechtenstein noch nicht an der Macht. Der Kaiser regierte während 68 Jahren, die fürstliche Regierungszeit umfasst im Sommer, wenn der Chef des Hauses seinen achtzigsten Geburtstag feiern wird, 48 Jahre. Eine schöne, eine lange und ergiebige Zeit, in der er seinen Staat geprägt hat. Er hat eine Monarchie geschaffen, deren Schloss zwar «keine Besichtigung» zulässt, die aber als Staatsform des Gleichgewichtes, der Ausgeglichenheit überall zu sehen und zu spüren ist. Eine Monarchie zum Anfassen; nicht zum Besichtigen.

Die Regierung:

Regieren heisst wählen

Auf der Südseite der Vaduzer «City», wo sich «Städtle» und Äulestrasse gabeln, befindet sich das Regierungsgebäude. 1906 sei es, so sagt Adulf Peter Goop, als «Symbol der Kraft und des Selbstvertrauens dieser Jahre des Fortschritts und der Zuversicht» gebaut worden. «Schöne Zuversicht!» dürften die Regierungsleute ausgerufen haben, als vor nicht allzu langer Zeit die Decke des Sitzungszimmers einstürzte. Darüber waren nämlich Arbeiten zum Ausbau des Estrichs im Gange, denen die Tragbalken nicht gewachsen waren. Der Wink an die Regierung war unmissverständlich: Achtung, denn auch Untergebene können gefährlich werden, wenn sie höher hinaufkommen!
An diese Grundregel hielt man sich strengstens, nachdem das renovierte Gebäude wieder in alter Pracht glänzte. Aber weniger wegen der Renovation als vielmehr wegen der anstehenden Landtagswahlen – und «Regieren heisst wählen» hatte Herzog Gaston de Lévis vor bald einmal zweihundert Jahren gesagt; dass Wählen auch Regieren heisse, hatte er nicht behauptet. Vielleicht gilt allerdings auch dies, denn in Wahlzeiten sind ja Untergebene auch Stimmbürger, und auf die muss man Rücksicht nehmen. In Liechtenstein vielleicht noch mehr als andernorts, wie zum Beispiel das Resultat der Landtagswahlen vom Jahre 1978 bewies. Insgesamt hatte die «Fortschrittliche Bürgerpartei» damals 18 872 Kandidaten- und Zusatzstimmen erhalten, wogegen es die «Vaterländische Union» nur auf 18 244 gebracht hatte. Trotzdem siegte die «rote» VU, weil die beiden Wahlkreise getrennt ausgezählt werden. Im Oberland aber hatte sie ganze 18 Kandidaten- und Zusatzstimmen mehr erhalten als die Gegenpartei, so dass sie dort 5 Mandate errang und nur 4 der FBP überlassen musste; im Unterland blieb die VU um 646 Stimmen hinter der FBP zurück, aber die Wahlarithmetik teilte trotzdem beiden je 3 Mandate zu, so dass der Landtag schliesslich 8 VU- und 7 FBP-Abgeordnete aufwies. Ganze zwei Wähler hatten den Ausschlag gegeben!
Dass die FBP als Verliererin damit nicht sonderlich glücklich war, kann man ihr nicht verargen. Deshalb hatte sie denn auch prompt eine Verfassungsinitiative lanciert, die eine sogenannte Mehrheitsklausel

einführen, in Wirklichkeit eine Wahlrechtsreform durchsetzen wollte. Die Partei, die im ganzen Land die Mehrheit erhält, sollte auch die Mehrheit im Landtag zugeteilt bekommen. Mit unerwartet massiver Kraft lehnte das Stimmvolk den Vorschlag ab, und so trat man 1982 mit bisheriger Spielregel zum Wahlkampf an. Auf das Total des Landes bezogen, vermochte dann die «Vaterländische Union» sich mit 20 997 Stimmen vor die «Fortschrittliche Bürgerpartei» zu stellen, die sich mit 18 273 Kandidaten- und Zusatzstimmen zufrieden geben musste. Im Unterland blieb die VU wiederum hinter der FBP zurück, doch vermochte sie den Vorsprung im Oberland auszubauen, aber das Landtagsverhältnis blieb unverändert 8:7. Im Februar 1986 fiel die VU von 53,47 Prozent auf 50,19 Prozent zurück, die FBP aber sogar von 46,53 Prozent auf 42,75 Prozent, weil erstmals eine «Freie Wählerliste» auftrat und mit 6582 Stimmen auf Kosten der bisherigen Parteien insgesamt 7,06 Prozent der Stimmen erreichte. Aber das waren 0,94 Prozent zu wenig, denn die Verfassung legt eine achtprozentige Mindestlimite fest. Es blieb also bei der absoluten Mehrheit der «Roten» im Parlament und damit bei der von Hans Brunhart geführten Regierung.

Was aber ist der Landtag in der demokratischen Monarchie? Die Verfassung umschreibt ihn in Artikel 45 wie folgt: «Der Landtag ist das gesetzmässige Organ der Gesamtheit der Landesangehörigen und als solches berufen, nach den Bestimmungen dieser Verfassung die Rechte und Interessen des Volkes im Verhältnis zur Regierung wahrzunehmen und geltend zu machen und das Wohl des fürstlichen Hauses und des Landes mit treuer Anhänglichkeit an die in dieser Verfassung niedergelegten Grundsätze möglichst zu fördern. Die dem Landtage zukommenden Rechte können nur in der gesetzlich konstituierten Versammlung desselben ausgeübt werden.» Der Landtag ist ein Organ des Staates, und demgemäss sind Monarch und Landtag nicht zwei Parteien mit eigenen Rechten, sondern zwei Organe im Dienste des einen Staates. Als Staatsorgan hat der Landtag keine Rechte im Sinne von «Befugnissen», sondern Kompetenzen. Das sind natürlich juristische Feinheiten, aber sie sind wichtig für ein problemloses Zusammenspiel der beiden Träger der Staatsgewalten: Fürst und Volk. Obwohl sich die Abgeordneten gerne «Vertreter des Volkes» nennen, kann der Charakter des Landtages als «Volksvertretung» nicht so ausgelegt werden, dass der Wille des Landtages rechtlich dem Willen der Wähler entspräche, sonst wäre der Landtag ja kein Staatsorgan, sondern ein Volksorgan. Vor allem aber ist der Landtag ein sogenanntes unmittelbares Organ, das auf der Verfassung beruht. Deshalb ist der Fürst dem Landtag nicht

Das Regierungsgebäude ist nicht nur Sitz der Fürstlichen Regierung und ihrer Verwaltung, sondern beherbergt auch den Landtag, also das Parlament, wenn seine 15 Abgeordneten zusammentreten.

Vaduz ist Einkaufszentrum für Einheimische und Touristen, seine Gaststätten laden zum Verweilen oder zum Kartenschreiben ein, und die Banken haben offene Türen für gute Kunden.

übergeordnet. Der Landtag erscheint nicht als Mitträger der Staatsgewalt neben dem Fürsten, sondern als ein beschränkender Faktor.

Allerdings kann der Fürst quasi über den Kopf der Abgeordneten hinweg in besonderen Fällen Gesetze erlassen, denn Artikel 10 der Verfassung bestimmt: «Der Landesfürst wird ohne Mitwirkung des Landtages durch die Regierung die zur Vollstreckung und Handhabung der Gesetze erforderlichen sowie die aus dem Verwaltungs- und Aufsichtsrechte fliessenden Einrichtungen treffen und die einschlägigen Verordnungen erlassen. In dringenden Fällen wird er das Nötige zur Sicherheit und Wohlfahrt des Staates vorkehren.» Von diesem Recht hatte Fürst Franz Josef II. am 13. Juli 1982 letztmals Gebrauch gemacht. Nachdem ein Schweizer Bürger wegen Drogenhandels angeklagt war, musste er in zwei Instanzen mangels gesetzlicher Grundlagen freigesprochen werden. Das schweizerische Bundesgesetz über Beträubungsmittel vom Jahre 1951, auf das sich die Justiz stellen wollte, konnte nicht herangezogen werden, weil auf Grund einer generellen Bestimmung nur alle mit der Zollmaterie zusammenhängenden Bereiche in Liechtenstein der schweizerischen Gesetzgebung unterstellt sind, was für den Drogenhandel nicht zutraf. Liechtenstein wäre somit praktisch zu einem Freiraum für den Drogenhandel geworden. Um das zu verhindern, erwog der zuständige Ressortleiter, Vizeregierungschef Hilmar Ospelt, den Weg über eine fürstliche Notverordnung. Fürst Franz Josef II. folgte dem Antrag und schloss die Gesetzeslücke.

Über die Stellung der Regierung heisst es im Artikel 79 der Verfassung: «Die Kollegialregierung besteht aus dem Regierungschef und vier Regierungsräten. – Der Regierungschef und die Regierungsräte werden vom Landesfürsten einvernehmlich mit dem Landtage auf dessen Vorschlag ernannt. In gleicher Weise ist für den Regierungschef und die Regierungsräte je ein Stellvertreter zu ernennen, der im Falle der Verhinderung das betreffende Regierungsmitglied in den Sitzungen der Kollegialregierung vertritt. – Einer der Regierungsräte wird auf Vorschlag des Landtages vom Landesfürsten zum Regierungschef-Stellvertreter ernannt. – Die Regierungsmitglieder müssen gebürtige Liechtensteiner und zum Landtag wählbar sein. – Bei der Bestellung der Kollegialregierung ist darauf Rücksicht zu nehmen, dass auf jede der beiden Landschaften wenigstens zwei Mitglieder entfallen. Ihre Stellvertreter sind der gleichen Landschaft zu entnehmen. – Die Amtsperiode der Kollegialregierung beträgt vier Jahre. Bis zur Neuernennung haben die bisherigen Regierungsmitglieder die Geschäfte verantwortlich weiterzuführen.» Dieser letzte Passus kam gerade nach den letzten Wahlen vom Februar 1986 zum Tragen, weil die Bildung der neuen Regierung nach der unerwartet hohen Niederlage der «schwarzen» Partei nicht ganz problemlos über die Bühne ging. FBP-Präsident Herbert Batliner und seine zwei Vizepräsidenten gaben nach der verlorenen Wahl ihren Rücktritt, und im Lande ging das Gespenst der «Oppositions-Partei» um. Tatsächlich funktioniert seit 1938 eine Koalitionsregierung, bald unter der Führung der einen, bald unter jener der anderen Partei. Eine solche Koalition ist um so verständlicher, als die beiden Parteien sich in ihren Programmen kaum unterscheiden. Zwar hatte die «Vaterländische Union» in den Anfängen der Parteigeschichte sich dem liberal-demokratischen Ideal verschrieben, wogegen die «Fortschrittliche Bürgerpartei» eher monarchisch-konservativ war. Aber keine der beiden ging so weit, dass man sie im Sinne der heutigen politischen «Farbenlehre» als «rot» oder «schwarz» einstufen konnte. Zudem haben sich die kleinen Unterschiede im Laufe der Jahre noch abgeschliffen.

Am «Liechtenstein-Seminar 1985», das von der Verwaltungs- und Privatbank AG, dem Allgemeinen Treuhandunternehmen und der Schweizerischen Handelszeitung durchgeführt worden war, hatte die Rechtsanwältin Brigitte Feger die «Farbmischung» mit den Worten erklärt: «Ziel der 'Vaterländischen Union' ist die Förderung der Grundwerte wie diejenigen der monarchisch-demokratischen Staatsform, der christlichen Weltanschauung, der politischen Aufklärung und Organisation des liechtensteinischen Volkes, die Förderung der guten Beziehungen zu allen Ländern, insbesondere zu den Nachbarstaaten, die soziale Marktwirtschaft und die Förderung der kulturellen Eigenart und Eigenständigkeit unseres Landes. – Nach dem Statut der 'Fortschrittlichen Bürgerpartei' ist ihre Anhängerschaft bestrebt, die monarchische Staatsform zu bewahren, die christliche Weltanschauung sowie den freiheitlichen, sozialen und demokratischen Rechtsstaat zu fördern und das öffentliche Leben zum Wohle des ganzen Volkes zu gestalten. Die 'Fortschrittliche Bürgerpartei' setzt sich im weiteren für die Gleichberechtigung aller Liechtensteiner und aller Liechtensteinerinnen ein. – Vorstehende Ausführungen machen klar, dass die 'Vaterländische Union' und die 'Fortschrittliche Bürgerpartei' in ihrer geistigen Grundeinstellung identisch sind. – Nach den erwähnten Zielsetzungen wollen die sogenannt 'Roten' und die sogenannt 'Schwarzen' dasselbe, nämlich den Bestand der monarchisch-demokratischen Staatsform eines souveränen Liechtensteins, die Wahrung der christlichen Weltanschauung, die Gleichheit der Bürger vor dem Gesetz und die Förderung der wirtschaftlichen Stabilität zum Wohle der Bevölke-

47

rung. ... Eine objektive, vergleichende Beurteilung der roten und schwarzen Partei Liechtensteins vom Ausland her wird dem farbenblinden Betrachter am besten gelingen.»

So gesehen müssen die beiden Parteien geradezu zusammenarbeiten. Die Koalition hat aber natürlich zur Folge, dass es praktisch keine Opposition gibt. Dass das zu einem gewissen Malaise führen kann, liegt auf der Hand und kann mit einem Zitat aus den aufschlussreichen «Beiträgen zum liechtensteinischen Selbstverständnis» bewiesen werden. Der damals, nämlich 1973, 19 Jahre alte David Gstöhl hatte geschrieben: «Das Parteiwesen von Liechtenstein hat sich in den letzten Jahren in einer Weise entwickelt, die einen jungen, politisch interessierten Mitbürger resignieren lassen könnte. Es besteht überhaupt kein Grund, warum sich ein Jungwähler irgendeiner Partei anschliessen sollte. Die Parteien unterscheiden sich in ihren Programmen kaum. So ist es bei uns gleichgültig, welche Partei gerade die Mehrheit in der Regierung hat. Dieser Zustand wäre an sich nicht nur negativ zu bewerten, denn gerade hier in Liechtenstein zeigt sich deutlich, wie überholt das althergebrachte Parteiwesen eigentlich ist. Was am liechtensteinischen Parteiwesen am meisten versagt, ist die Opposition, egal, welche der beiden Parteien dieses Amt gerade bekleidet. Dadurch, dass sich die beiden Parteien in ihren Programmen kaum unterscheiden, kann die Opposition ihrer Aufgabe auch nicht gerecht werden, die darin bestehen müsste, durch wiederholtes Aufzeigen der herrschenden Missstände die Regierung zu zwingen, alles daran zu setzen, diese zu beseitigen ... Die Zugehörigkeit zu einer Partei ist hier Tradition, und es ist üblich, dass ganze Verwandtschaften ein und derselben Partei angehören. Hinzu kommt noch, dass zwischen den Anhängern der beiden grossen Parteien ein fast fanatischer Gegensatz besteht. Wie dieser zustande kommt, ist nicht rational erklärbar, da sich die Parteien, wie schon erwähnt, in ihren Konzepten kaum unterscheiden. Er ist vielmehr in der Tradition begründet. Politik ist bei uns eine Art Religion.»

Der Hinweis auf die «Verwandtschaften» als Massgabe für die Parteizugehörigkeit wird auch von Otto Seger unterstrichen. Er berichtet von einem interessierten Bürger, der wissen wollte, warum sein Nachbar in den Gemeinderat gewählt worden sei und dort in allen Kommissionen sitze, obwohl er keine eigene Meinung habe und nie Vorschläge unterbreite, und die Antwort lautete: «Eba drum und denn het er noch a grosse Verwandtschaft.»

Doch nun wieder zurück zu David Gstöhl, der nicht nur kritisiert und 48

Vorwürfe erhebt, sondern auch aufzeigt, was nötig wäre, wenngleich er das in eine Hülle von Skepsis verpackt: «Was wir in Zukunft brauchen, ist ein vernünftiges Miteinander mit einer vernünftigen Opposition. Wir müssen weg von einer realitätsfremden Biertischpolitik, hin zu einer echten Politisierung jedes einzelnen. Ob das allerdings bei den spezifisch liechtensteinischen Verhältnissen in absehbarer Zukunft möglich sein wird, ist mehr als fraglich.» Was hat David Gstöhl wohl unter «absehbarer Zukunft» verstanden? Etwa zehn, zwölf Jahre? Dann müsste der Wunschtraum heute bereits verwirklicht sein, stammen seine Worte doch vom Jahre 1973!

Wenn sich die geschlagene und angeschlagene «Fortschrittliche Bürgerpartei» 1986 nach langer Überlegung und nach Rücksprache mit ihren Ortsgruppen wiederum zur Weiterführung der Koalition mit der «Vaterländischen Union» entschieden hat, geschieht dies nicht aus Angst vor einer Oppositionsrolle, sondern in erster Linie aus praktischen, aber auch aus politischen Gründen. «Unser Land ist klein, und unsere Kräfte sind bescheiden. Die bescheidenen Kräfte geben uns das Mass. Wir müssen dieses Mass beachten, was immer wir tun, gleichgültig, ob wir äussere oder ob wir innere Angelegenheiten ordnen», hatte Fürst Franz Josef II. im April 1978 bei Eröffnung des Landtages gesagt und dies gilt auch heute noch.

Bescheiden sind die Kräfte ja in erster Linie in personeller Hinsicht. Für ein kleines Land ist es ohnehin nicht leicht, gute Leute in die Führungsspitze des Staates zu entsenden. Liechtenstein hat zwar – von wenigen Ausnahmen abgesehen – meistens ausserordentliches Glück gehabt in der Wahl des Regierungschefs, und sogar dort, wo man aus politischer Voreingenommenheit Zweifel geäussert hat, erwiesen sich diese nachher nicht als gerechtfertigt. «Brunhart ist weder Jurist noch Volkswirtschafter», bemängelte die Zürcher «Weltwoche» nach seiner Wahl im Jahre 1978, doch heute wagt niemand mehr an seinen Fähigkeiten zu zweifeln. Zweimal hat er, den Fürst Franz Josef II. sogar in aller Öffentlichkeit «meinen Freund» genannt hat, sich seither in harten Wahlen durchgesetzt und seiner «Vaterländischen Union» zum Sieg verholfen. Aber solche Persönlichkeiten sind nicht besonders zahlreich, um so mehr als die Industrie inzwischen die fähigsten an sich zu ziehen sucht. Deshalb wäre es garadezu selbstzerstörerisch, wenn Liechtenstein das Spiel von Regierung und Opposition spielen und damit den Bedarf an guten Kräften verdoppeln wollte. Es ist doch wohl besser, die fünf Regierungsmitglieder und deren fünf Stellvertreter nicht aus der Hälfte des vorhandenen Potentials auszuwählen, sondern das Ganze auszuschöpfen. Die Belastung des liechtensteinischen Kabinetts ist sowieso sehr gross, so dass auch die Freude, in den Ministerrang erhoben zu werden, relativiert wird. Nur der Regierungschef und sein Stellvertreter sind vollamtlich tätig, die amtierenden drei Regierungsräte und die Stellvertreter betreiben dieses Geschäft im Nebenamt. Wöchentlich einmal das Direktionsbüro eines Industrieunternehmens oder einen Gewerbebetrieb, die Kanzlei eines Rechtsanwaltes oder sogar das Ackerfeld gegen das Sitzungszimmer der Regierung vertauschen und sich vorher in langen Abenden darauf vorbereiten zu müssen, ist nicht jedermanns Sache, ganz abgesehen davon, dass diese Würde auch noch zahllose öffentliche Verpflichtungen bringt. So bleibt also nichts anderes übrig, als dass sich die beiden Parteien, nachdem sie sich übermässig gestritten hatten, wieder zusammenfinden für die gemeinsame Arbeit im Dienste des Landes. «Es ist keine besondere Ehre, Lausbub und Hottentott genannt zu werden», soll ein «Wahlkampf-Geschädigter» einmal gesagt haben, und dies war, wie Otto Seger richtig sagt, bestimmt ein gutmütiger Mann.

Wahlkampf auf Sparflamme betreiben aber auch in der politisch ruhigen Zeit die beiden «Massenblätter», nämlich das «Liechtensteiner Volksblatt» und das «Liechtensteiner Vaterland» mit Auflagen zwischen 7000 und 9000 Exemplaren. Das «Liechtensteiner Volksblatt» meldet gegenwärtig stolz seinen 108. Jahrgang. Es ist 1878 gegründet worden, nachdem zwei frühere Zeitungen nur wenige Jahre existiert hatten, nämlich die «Liechtensteinische Landeszeitung» von 1863 bis 1868 und die «Liechtensteiner Wochenzeitung» von 1873 bis 1877. Das «Volksblatt» aber entwickelte sich allmählich von der Wochen- zur Tageszeitung. – Das «Liechtensteiner Vaterland» konnte in diesem Jahr sein fünfzigjähriges Bestehen feiern, obwohl es, allerdings unter anderen Namen, auf Vorgänger zurückgeht: 1914 gab es die «Oberrheinischen Nachrichten», die sich selbst aber rasch auf «Anzeiger für Liechtenstein und Umgebung» umbenannten, woraus 1924 die «Liechtensteiner Nachrichten» wurden, die sich zum Neujahr 1936 in «Liechtensteiner Vaterland» umtauften. Seit jenem Datum ist das «Vaterland» Parteiorgan der «Roten». – Die beiden tragenden Publikationen sind also Parteizeitungen, das «Volksblatt» der «Fortschrittlichen Bürgerpartei», das «Vaterland» der «Vaterländischen Union», obwohl beide sich im Gedruckten darüber ausschweigen. Nicht einmal im Untertitel oder im Impressum kann das der Leser erfahren. So diskret ist man in Liechtenstein!

Im Laufe der Jahre hatte es noch andere, kleinere Zeitungen gegeben, 50 die aber bald verschwanden: Das «Heimatland» als unabhängiges Wirtschaftsblatt, das 1927 zwei Monate nicht überlebte, die «Liechtensteinische Volkswirtschaftliche Zeitung», die es ab 1932 auf zwölf Monate brachte, und ihre Nachfolgerin, die «Liechtensteinische Freiwirtschaftliche Zeitung», die aber schon nach vier Monaten einging. Die «Liechtensteinische Arbeiterzeitung» hielt 1932 während drei Vierteljahren durch, und von 1933 bis 1935 gab es den «Liechtensteinischen Heimatdienst» mit dem entlarvenden nazistischen Untertitel «Stimme für heimische Wirtschaft, Kultur und Volkstum». Dass auch «Der Umbruch», das Kampfblatt der Volksdeutschen Bewegung, 1943 nach dreijährigem Erscheinen aufgeben musste, war kein Verlust. 1962 gründete die damalige «Christlich-soziale Partei Liechtensteins» den «Liechtensteiner Wochenspiegel», der aber 1976 sein Erscheinen einstellte. Heute hört man von Plänen zur Schaffung einer neuen, parteipolitisch unabhängigen Wochenzeitung, doch ist offensichtlich die Phase der Konkretisierung noch nicht erreicht. Ein solches Unterfangen wäre um so wünschenswerter, als dadurch – wenn die Unabhängigkeit wirklich gesichert ist – die liechtensteinische Bevölkerung die Möglichkeit hätte, die parteipolitisch gefärbten Informationen der beiden Hauptblätter zu objektivieren.

Auf den ersten Blick sind die beiden heutigen Parteizeitungen kaum zu unterscheiden, seit sie sich – im Sinn des Koalitionsdenkens? – schwarz betitelt mit dicker roter Leiste präsentieren. Aber auch inhaltlich sind sie oft weitgehend identisch, soweit es nicht die Politik betrifft. So war zum Beispiel in beiden Gazetten der gleiche «Oster-Gedanke», von einem schweizerischen Geistlichen verfasst, am gleichen Tag, natürlich am Karsamstag, abgedruckt, im «Volksblatt» auf der ersten, im «Vaterland» auf der zweiten Seite. Und trotzdem könnten sogar Analphabeten meistens auf einen einzigen Blick erkennen, welches der beiden Blätter sie vor sich haben – vorausgesetzt, sie kennen sich in der liechtensteinischen Kirchturmpolitik aus! Wenn zum Beispiel der Fürst oder der Erbprinz zu einem feierlichen Akt in der Öffentlichkeit erscheint oder wenn ein ausländischer Gast empfangen wird, so werden die Berichte in beiden Blättern selbstverständlich bebildert, nur sieht man dann im «Vaterland» die Hauptperson meistens in Begleitung des Regierungschefs oder einer anderen «roten» Prominenz, im «Volksblatt» lächelt neben Seiner Durchlaucht oder der ausländischen Persönlichkeit der Regierungschef-Stellvertreter oder sonst eine «schwarze» Grösse.

51 In Wahlkampfzeiten aber werden vielfach sogar Stimmbürger zu An-

Der Rhein bildet die Grenze zur Schweiz. Einst war er ein stürmischer Kraftprotz, seit Jahrzehnten aber ist er gezähmt und für die alte Brücke bei Vaduz keine Gefahr mehr.

Im höchstindustrialisierten Land Europas ist die Welt (fast) noch in Ordnung. Erholungsgebiete in freier Natur bringen den Ausgleich zu Beton und Technik.

alphabeten, indem sie wegen des in den Zeitungen angeschlagenen Tones auf die Lektüre verzichten. Der letzte Wahlkampf, der am 2. Februar 1986 mit dem Urnengang endete, war, soweit er in der Presse geführt wurde, ein Beispiel besonderer Härte, die hin und wieder in einen Mangel an Fairness ausartete, was vermutlich bis zu einem gewissen Grad auch den Wahlausgang beeinflusst hat. Es zeigte sich ein ähnliches Phänomen wie schon im Mai 1981, als es um die Verfassungsinitiative auf Einführung der erwähnten «Mehrheitsklausel» ging. Sogar die sonst sehr zurückhaltende «Neue Zürcher Zeitung» kommentierte: «Eine nun wirklich masslose Abstimmungspropaganda, die auch vor persönlichen Verunglimpfungen keineswegs Halt machte...» Herzog Gaston de Lévis hatte gesagt: «Regieren heisst wählen.» In einer Demokratie wie der liechtensteinischen heisst aber wählen auch regieren, und daran kommen weder die Regierung noch das Parlament vorbei. Das Volk will regieren.

Bei allen Überlegungen, die in Liechtenstein um staatspolitische Fragen angestellt werden, spielt die Kleinheit des Landes eine wichtige Rolle. Den einen liefert sie den angeblichen Beweis dafür, dass Liechtenstein diese oder jene Aktivität nicht unternehmen könne, den andern aber ist sie im Gegenteil Herausforderung. Vielleicht sollte man zu bedenken geben, was der berühmte Wirtschaftswissenschaftler Professor Emil Küng von der Hochschule für Wirtschafts- und Sozialwissenschaften in St. Gallen (Schweiz) im Blick auf «Die optimale Staatsgrösse» geschrieben hatte: «Auch wenn wir zugeben, dass die optimale Staatsgrösse gewachsen ist, braucht dies noch nicht gleichbedeutend zu sein mit der Bejahung des Superstaates. Denn die kleinen Sozialgebilde sind trotz allem nicht unzeitgemäss geworden und dürfen nicht unkritisch dem Kult des Kolossalen geopfert werden. Mögen unsere zentralen Probleme noch so sehr kontinentalen oder sogar planetaren Charakter angenommen haben, so bleibt es dennoch notwendig, eine Meinungs- und Willensbildung in der Diskussion von Mensch zu Mensch und im Bewusstsein des einzelnen zustande zu bringen. Lösungen durch Verträge zwischen den bestehenden Staaten aber sollten erst wirklich dann durch Bundesstaaten oder gar Einheitsstaaten abgelöst werden, wenn zur Existenzerhaltung schlechterdings nichts anderes mehr übrig bleibt. Davon sind wir aber weit entfernt.» Glücklicherweise! So bleibt den Regierungen auch der Kleinstaaten die Möglichkeit, durch Wählen, das heisst durch die Wahl der besten Lösung, zu regieren.

53 Wie die Fürstliche Regierung ihre eigene Stellung sieht und nach wel-

chen Kriterien sie regieren, also «wählen» will, hat Regierungschef Hans Brunhart in die Worte gefasst: «Sozusagen das Bindeglied zwischen den beiden Trägern der Staatsgewalt, Fürst und Volk, bildet die Regierung. Das von der Verfassung verlangte Einvernehmen zwischen dem Landesfürsten und dem Landtag bei der Bestellung der Regierung und ihre Verantwortlichkeit gegenüber dem Landesfürsten einerseits und dem Landtag andererseits bringt diese Mittelstellung betont zum Ausdruck. – Liechtenstein möchte die immer wieder auftauchende Frage, ob Kleinstaaten in der Lage sind, in internationalen Organisationen gleichberechtigt mitzuarbeiten, durch den Beitrag, den es leistet, beantworten. Wir glauben, bei allem Wissen um die machtpolitischen Konstellationen der heutigen Weltlage, dass gerade kleine Staaten in der internationalen Zusammenarbeit wertvolle Hilfe leisten können. – So stellt sich Liechtenstein als Staat dar mit einer monarchischen Staatsform, welche weitgehend Grundlage der politischen Stabilität ist, aber auch mit parteipolitischen Verhältnissen, welche nicht durch wesentliche ideologische Unterschiede gekennzeichnet sind, und mit aussenpolitischen Aktivitäten, welche im Rahmen der gesetzten Möglichkeiten der Verpflichtung der internationalen Zusammenarbeit und insbesondere des europäischen Gedankens entsprechen.»

Das Volk:

Charme und Härte der Bergwelt

Den liechtensteinischen Volkscharakter zu umschreiben, ist keine leichte Aufgabe. Mit Sicherheit kann man zunächst nur sagen, was die Liechtensteiner nicht sind: Es sind keine Schweizer – wobei man wohl auch Mühe hätte, den Schweizer zu charakterisieren –, und es sind keine Österreicher – und dabei haben ja oft auch die Wiener Schwierigkeiten, die Vorarlberger noch zu ihrem Schlag zu rechnen. Die negative Ausmarchung kann man noch etwas erweitern, indem man die Wiener sagen lässt, die Liechtensteiner seien nicht ganz so stur wie die Schweizer, oder aber, indem man dem Schweizer Urteil folgt, wonach die Liechtensteiner nicht ganz so unzuverlässig seien wie die Wiener. Doch mit solchen übertriebenen Vorurteilen kommt man nicht weiter. Netter und auch gerechter hat der Schwede Christian Norgren, der vor fünf Jahren ins Fürstentum kam, um die «Bank in Liechtenstein» und die «Fürst von Liechtenstein-Stiftung» zu führen, Ausländern gegenüber den liechtensteinischen Charakter umschrieben: «Mir gefällt diese Mischung aus österreichischem 'Küss die Hand' und schweizerischer Akkuratesse.» Wenn man einer alten Landeskunde glauben darf, so ist der liechtensteinische Volksschlag, «sowohl der männliche, als auch der weibliche, durchschnittlich ein kräftiger, gesunder, wohlgebauter und meist von mittlerer Körpergrösse, mehr gedrungen gebaut. Braune Haare und braune Augen sind vorherrschend. Der Liechtensteiner ist meist heiteren Sinnes, hat viele natürliche Anlagen, ist arbeitsam und für Bildung empfänglich.»

«So jetzt wääsches!» (= So, jetzt weisst du es!), sagte eine «kräftige, gesunde, wohlgebaute» Liechtensteinerin, als ihr dieses Zitat vorgelesen wurde. Da gab es keine Widerrede mehr. Die Diskussion war geschlossen.

Woher die dunklen Haare und die braunen Augen stammen, war allerdings nicht beantwortet. Natürlich waren hier zu Beginn unserer Zeitrechnung die Römer, doch ob sich die Erbeigenschaften über die lange Zeitspanne so eindeutig gehalten haben, ist eine andere Frage. Ein zweiter «dunkelhaariger» Einfluss war von den Rätoromanen gekommen, die hier lange im Nebeneinander gelebt hatten, und Adulf

Peter Goop hat in seiner Studie «Liechtenstein gestern und heute» denn auch darin die Erklärung dafür gefunden, dass die heutigen Nachfahren jener Rheintalregion «heiteren Sinnes» sind. «Wenn man heute dem Liechtensteiner Volk nachsagt, dass es eine glückliche Mischung zwischen Fleiss und Beharrlichkeit des Alemannen und südlicher Elastizität, Fröhlichkeit und Beschaulichkeit sei, so zeigt dies das enge Zusammenleben und die daraus hervorgehende glückliche Verschmelzung romanischer und germanischer Wesensart.» So wäre also der Charme in die Härte der Bergwelt gekommen! Oder mit den Worten von Christian Norgren ausgedrückt: Das «Küss die Hand» zur Akkuratesse! Andere haben allerdings die Berge im Zitat des alten Horaz mit Liechtenstein in Verbindung gebracht: «Parturiunt montes, nascetur ridiculus mus!», was Johann Heinrich Voss wie folgt ins Deutsche übersetzt hatte: «Berge kreissen, doch sieh! Es kriecht eine winzige Maus 'raus.» Sollen sie doch! Es gibt ja schliesslich Mäuse und Mäuse, und die Liechtensteiner Maus lässt sich sehen!

Die Gegend, die heute innerhalb der Grenzen des Fürstentums Liechtenstein liegt, war seit Jahrhunderten ein Schmelztiegel verschiedener Völker und Rassen. Kelten und Römer, Alemannen und Germanen, aber auch die aus den südlichen Westalpen eingewanderten Walser haben das Volk geformt und bis auf die heutige Zeit ihre Spuren hinterlassen. Bis zu Beginn des 9. Jahrhunderts war hier noch die rätische Schrift in Gebrauch, doch wies auch die darauf folgende alemannische Schrift eigene, ganz spezifische Charakterzüge auf. Und Eigenheiten sind noch bis heute im Wortschatz erkennbar: Das am Rücken getragene Milchgeschirr heisst Brenta, die Gabel heisst Furgga, das Wort Nana, das in Frankreich ein Spitzname für junge Mädchen ist, wird hier für die Grossmütter gebraucht, und das Fazanetli ist vom Römischen über das Rätoromanische ins Alemannische hineingerutscht, weit über Liechtenstein hinaus.

Die Walser, deren Vorfahren einst aus dem Berner Oberland ins Oberwallis ausgewandert waren und von dort über Furka und Oberalp an den Rhein vorstiessen und ihm bis ins Vorarlbergische und ins heutige Liechtenstein folgten, sind bereits in einem Dokument aus dem Jahre 1315 ausdrücklich erwähnt: Dort werden sie «die Walliser in Balbun» genannt, denn sie hatten sich im Weidegebiet des Hochtals von Malbun angesiedelt. Die aus dem Rhonetal an den Rhein gezogenen «fryen Walser» waren bei den Feudalherren als Bauern und Soldaten wohlgesehen. Trotz den ihnen deshalb zugebilligten Freiheiten wurden ihnen die Höfe, auf denen sie sich niederlassen konnten, genau zuge-

Vaduz ist eine der wenigen «Hauptstädte» ohne Bahnhof. Liechtensteins Hauptbahnhof steht in Schaan. So «wäli» aber, wie man dort sagt, so schnell also hält auch dort kein Zug an.

Sommeralpinisten gehen in die Grenzberge zu Vorarlberg und Graubünden, Wanderer finden ihr Glück zum Beispiel im Saminatal, in dem das merkwürdig angelegte Dorf Steg die Neugierde weckt.

wiesen. Aber die Neuankömmlinge wirkten wie Sauerteig: Sie erleichterten als «dritte Kraft» das Zusammenleben zwischen den bereits ansässigen Rätiern und Alemannen, aber sie übertrugen auch den Freiheitsdrang, von dem sie beseelt waren, auf die einheimische Bevölkerung. Freizügigkeit, Heirat ohne Notwendigkeit der Zustimmung durch den Feudalherrn und Vererbbarkeit des Vermögens gehörten zur Grundphilosophie der Walser.

«Die Walser machen Epoche in der Kriegsgeschichte. Sie sind bis ins 16. Jahrhundert hinein die Söldner und Landsknechte par excellence.» Mit diesen Worten wurden sie vom rätoromanischen Geschichtsschreiber J. C. Muoth charakterisiert, aber ihr rauher Menschenschlag machte sich nicht nur im Krieg, sondern vor allem auch im Kampf mit der widerborstigen Natur geltend. Die Walser der Region Vorarlberg/Liechtenstein wurden als «ausgelassen froh» und «tanzfreudig» geschildert, so dass man sich fragen kann, ob nur der südliche Einfluss, jener also der Römer und Rätier, den Liechtensteiner Volkscharakter, verglichen mit jenem der Deutschschweizer und der Vorarlberger, «aufgelockert» hat. Wenn man sie gleichzeitig als «tief religiös» kennzeichnet und ihnen einen «gewissen Hang zur Mystik» nachsagt, so scheint das im Gegensatz zu einem anderen Charakterzug zu stehen, den man negativ als «neuerungssüchtig», positiv aber als «fortschrittlich» interpretiert. Tatsächlich mag den Walsern eine gewisse Traditionslosigkeit anhaften, was vermutlich mit dem Wandertrieb und vielleicht auch mit dem unbändigen Freiheitsdrang zusammenhängen mag. «Vielleicht», so schreibt der Walserforscher Paul Zinsli, «ist allerdings die Spannung zwischen pionierfreudiger Bereitschaft zum Auszug und Beharrung im Bergland beim Walservolkstum besonders gross, und man wird jedenfalls den stets vorhandenen Trieb in Weite, in andersartige Verhältnisse nicht bestreiten können.»

Die Menschen, die einst die Herrschaft Schellenberg und die Grafschaft Vaduz bevölkerten, und jene, die dann Liechtensteiner wurden, waren also stets äusseren Einflüssen und Beeinflussungen ausgesetzt. Dass sich dagegen gewisse Abwehrkräfte bemerkbar machten und noch machen, ist verständlich, aber objektiv gesehen müssen auch die Vorzüge einer «Infiltration von aussen» anerkannt werden. Nicht zuletzt haben ja selbst die Fürsten, denen das Land den Namen verdankt, von aussen als Fremde Anstösse gegeben, die nicht vorteilhaft genug eingeschätzt werden können. Durch sie hat das kleine Land kulturell und politisch und später auch wirtschaftlich den Anschluss gefunden an die sich rund um Liechtenstein herum entwickelnde Welt.

Nächste Doppelseite:
Vom Rebberg aus geht der Blick
über das Oberdorf von Triesen,
das seinen ursprünglichen Charakter weitgehend bewahrt hat.
Die dem heiligen Gallus geweihte

Kirche geht auf das Jahr 1843
zurück. Von hier weitet sich der
Blick in den modernen Teil des
Dorfes und geht dem Rhein entlang zu den Schweizer Bergen
und bis nach Sargans.

Damit sei jetzt nicht etwa die Gefahr der Überfremdung, vor der auch von offizieller Seite mehr und mehr gewarnt wird, verniedlicht. Die Gefahr besteht tatsächlich. Wenn heute mehr als ein Drittel aller in Liechtenstein ansässigen Leute Ausländer sind, so muss das aufhorchen lassen. In den vergangenen Jahren hat die fürstliche Regierung jedoch eine sehr vernünftige und auch erfolgreiche Ausländerpolitik betrieben. Sie hat Restriktionen verfügt, teilweise sogar das mit der Schweiz gültige Freizügigkeitsabkommen suspendiert, sie hat aber den grossen Kehraus vermieden und keinen Ausländer vor die Tür gestellt. Auf diese Weise hat sie das gesetzte Ziel, die Ausländerzahl zu stabilisieren, erreicht:

	Gesamte Ausländerzahl	Davon Schweizer
1. Januar 1981	9421	4298
1. Januar 1985	9385	4161

Es ist übrigens nicht uninteressant festzustellen, dass jene Liechtensteiner, die die Überfremdung als die grosse Existenzfrage betrachten, mit genau umgekehrten Argumenten fechten als etwa in der Bundesrepublik, in Österreich und der Schweiz. Dort ist die Abwehr gegen die Fremden mit der Distanz des betreffenden Kulturkreises gewachsen. Italiener hatte man noch akzeptiert, waren es doch stets ausgezeichnete Bauleute, doch als ihre Zahl zu stark anwuchs, begann ihr Anderssein anzuecken: Sie waren lärmig, hielten sich gerne in Bahnhöfen und auf Strassen auf und zudem – was für gewisse Gegenden Deutschlands und der Schweiz ins Gewicht fiel – waren sie Katholiken. Als dann später die Spanier und Portugiesen nachstiessen, wuchs die Durchschlagskraft dieser Einwände, doch bald einmal kamen die Jugoslawen, die Türken, die Tamilen, die Kambodschaner... Ihnen wurde und wird die Integrationsfähigkeit abgesprochen, und deshalb möchte man sich von ihnen befreien. In Liechtenstein ist das anders: Gerade weil die überwiegende Mehrheit der ansässigen Ausländer zum gleichen Kulturkreis gehört (etwa 45 Prozent der Ausländer sind Schweizer, ca. 22 Prozent Österreicher und rund 12 Prozent Deutsche), sich also schnell,

59

für viele Liechtensteiner allzuschnell integrieren, fürchten die Einheimischen, dadurch letztlich ihre eigene Identität einzubüssen. Es ist gut, die Gefahr zu erkennen, aber es wäre falsch, sie zu überschätzen. Ein Blick auf die Namenlisten der Honoratioren aus Staat und Wirtschaft wirkt beruhigend: Da wimmelt es von Brunhart und Ospelt, von Hilti und Nigg, von Wohlwend und Konrad!

Man darf auch nicht vergessen, dass die liberale Ausländerpolitik Liechtensteins nicht nur den Ausländern entgegenkam, sondern dass die Liechtensteiner selbst davon nicht wenig profitiert haben. Man denke nur an die liechtensteinische Industrie, die ohne ausländische Mitarbeiter auf den verschiedensten Ebenen kaum den heutigen Stand hätte erreichen können. Man denke aber auch an die Vorteile in umgekehrtem Sinn. Viele Liechtensteiner waren und sind «Auswanderer», und Türen sind ja wirklich nur offen, wenn sie in beiden Richtungen begehbar sind.

Heute leben etwa 3100 Liechtensteiner im Ausland und davon der grösste Teil in der Schweiz. 1985 waren es genau 1708, wovon 447 Aufenthalter, 1260 Niedergelassene und 1 Saisonier. Kein Wunder also, dass das «Liechtensteiner Volksblatt» die Suspendierung des Freizügigkeitsabkommens mit der Schweiz, die durch Notenwechsel am 19. Oktober 1981 vorgenommen wurde, mit der kritischen Bemerkung kommentierte, dies treffe im Ernstfall die Schweizer weniger als die Liechtensteiner: «Im Ernstfall, der schon bei einem spürbaren Konjunkturrückgang eintreten kann, kommt es für uns Liechtensteiner nämlich nicht mehr so sehr darauf an, dass wir Studenten und Lehrlinge (Anmerkung: für die Ausnahmen bewilligt wurden) in die Schweiz schicken können. Dann geht es darum, dass der gewöhnliche Arbeitnehmer eine Chance hat, auf dem vergleichsweise riesigen Arbeitsplatz Schweiz unterzukommen, um sich und seine Familie zu ernähren.»

Was will man denn eigentlich? Soll die Tür offen oder geschlossen sein? Ein Tor mit einem Drehkreuz, das den Einlass nur in einer Richtung zulässt, führt stets – wenn man sich an den Supermarkt erinnert – zur Kasse! Dass gewisse Missbräuche schon vor längerer Zeit unterbunden wurden, ist nur begrüssenswert. Schweizer etwa, die im Fürstentum nur deshalb Wohnsitz nehmen wollten, weil sie damit in den Status eines Auslandschweizers gelangen und so von der militärischen Dienstpflicht befreit sind, ersuchen schon seit langem ergebnislos um Einlass ins Fürstentum. Für übertriebene Unkenrufe aber ist kein Grund. «Die hiesigen Leute sind ziemlich unabhängig», erklärte Fürst Franz Josef II. in einem persönlichen Gespräch: «Sie lassen sich in ihrer Einstellung nicht so leicht beeinflussen. Das Nationalbewusstsein ist doch ziemlich ausgebildet, was merkwürdig erscheinen mag, wenn man weiss, dass sie bisher in den Schulen viel zu wenig über das Land erfahren haben. Das hängt natürlich nicht zuletzt damit zusammen, dass die Lehrer in der Schweiz und zum Teil in Österreich ausgebildet werden müssen. Allerdings holt man das Versäumte jetzt mit Spezialkursen nach, und so kann auch in den Schulen mehr staatsbürgerlicher Unterricht erteilt werden.»

Bleibt noch die «Überfremdung» durch Einbürgerung. Es gibt – ausser der Geburt – drei Möglichkeiten, die liechtensteinische Staatsbürgerschaft zu erhalten:

- durch Rückbürgerung ehemaliger Liechtensteinerinnen, denen wegen der Heirat mit einem Ausländer vor 1974 die liechtenstinische Staatsbürgerschaft aberkannt worden war,
- durch Erteilung der liechtensteinischen Staatsbürgerschaft an Ausländerinnen, die einen Liechtensteiner heiraten,
- durch Einbürgerung mittels Abstimmung oder Verleihung.

Bis 1974 verloren Liechtensteinerinnen, die einen Ausländer heirateten, ihre Staatsbürgerschaft, seither können sie auf Antrag in ihr früheres Gemeinde- und Landesbürgerrecht aufgenommen werden. Bis 1985 haben 434 in Liechtenstein wohnhafte Frauen von dieser Möglichkeit Gebrauch gemacht. Davon waren 176 (41 Prozent) mit einem Schweizer, 138 (32 Prozent) mit einem Österreicher, 58 (13 Prozent) mit einem Deutschen, 50 (12 Prozent) mit einem Italiener und 3 Prozent mit einem Bürger sonstiger Nationalität verheiratet.

Wenn die Massnahme von 1974 eine Erleichterung brachte, so ist anderseits 1984 eine Verschärfung in Kraft getreten. Vorher erhielten Ausländerinnen, die einen Liechtensteiner heirateten, automatisch die Staatsbürgerschaft. Das neue Gesetz sieht eine Karenzfrist vor. Im wesentlichen wird ein ordentlicher liechtensteinischer Wohnsitz von zwölf Jahren, eine mindestens dreijährige aufrechte Ehe und der Verzicht auf die bisherige Staatsbürgerschaft verlangt.

In den fast 15 Jahren von 1970 bis zum Inkrafttreten des Gesetzes am 1. Juli 1984 haben 822 vormalige Ausländerinnen durch Verehelichung mit einem liechtensteinischen Mann die liechtensteinische Staatsbürgerschaft erhalten. Im Jahresdurchschnitt waren das 56 Frauen, das heisst, dass die Erlangung der liechtensteinischen Staatsbürgerschaft durch Heirat die bedeutendste Einbürgerungsform war. Sie basierte auf dem Heiratsverhalten der liechtensteinischen Männer:

- 1950 bis 1969 heirateten 46 Prozent der Liechtensteiner ausländische Frauen,
- 1960 bis 1969 waren es 48 Prozent,
- 1970 bis 1979 schon 52 Prozent und
- in den fünf Jahren von 1980 bis 1984 bereits 60 Prozent,
- im Jahre 1984 ehelichten 67 Prozent der heiratenden Liechtensteiner eine Ausländerin.

Vielleicht ist in diesem Zusammenhang die Feststellung interessant, dass von den eingeheirateten Liechtensteinerinnen im Durchschnitt der Jahre 1970 bis 1984 nicht weniger als 57 Prozent bereits vor der Ehe Wohnsitz in Liechtenstein hatten. Und noch eine letzte Zahl: Seit 1950, also seit Beginn der Zivilstandsstatistik, sind insgesamt 1630 Ausländerinnen durch Heirat Liechtensteinerinnen geworden.

Was heisst in diesem Kontext also «Überfremdung»? Soll man diesem negativ gemeinten Wort ein Zitat von Goethe entgegenhalten? «Wenn Fremde sich in unsre Lage fühlen, sind sie wohl näher als die Nächsten, die oft unsern Gram, als wohlbekanntes Übel, mit lässiger Gewohnheit übersehn?» schrieb er 1803 in der Tragödie «Die natürliche Tochter», und diese kritische Aussage trifft zu einem guten Teil auch auf Liechtenstein zu. Ein Fremder braucht ja nicht unbedingt ein Fremdling zu sein, denn die Zeiten, da «Fremder» und «Feind», einst gemeinsam als «Hostis» bezeichnet, identisch waren, sind glücklicherweise vorbei.

Zudem gibt es in Liechtenstein Schwellen, die auch der wohlgesinnte Fremde nicht zu übersteigen vermag. Er kann – wenn er, wie Sophokles forderte, «meidet, was dem Staat widerwärtig, und in Ehren hält, was ihm heilig ist», ein guter Liechtensteiner werden. Es wird ihm aber stets der kleine Juwel in der Krone des liechtensteinischen Bürgers abgehen, der sie erst zur Vollendung bringt: die Verbundenheit mit der Gemeinde. Dazu gehört aber auch und nicht zuletzt der Besitz des sprachlichen Idioms. So kann ein Ausländer allenfalls noch ein «Vaduzer» werden, zu einem «Vadozner» oder gar – wie sie spitz genannt werden – zu einem «Knöpfli» oder «Guuzler» wird er es nie bringen!

Vielleicht verkraftet er das liechtensteinische Schlüsselwort «hoi», aber ob er das je in allen seinen Färbungen auszusprechen vermöge, ist mehr als zweifelhaft: das spitze «hoi» als kleine Warnung, das dumpfe «hoi» als Vorwurf, das helle und langgezogene «hoi» als Gruss, das «hoi» mit dem leichten Tremolo als Verabschiedung... Das «hoi» ist in letzter Zeit sogar im wahrsten Sinne hoffähig geworden. «Hoi Förscht» ist von Jugendlichen zum freundschaftlichen und doch ehrerbietigen Gruss an den Landesfürsten erhoben worden, und als Papst Johannes

Paul II. am 8. September 1985 das Land besuchte, rief ihm eine junge Liechtensteinerin zu: «Hoi Papst», der dann prompt antwortete: «Hoi zema». Bis zum tosenden Jubel, der dafür dankte, verstrich allerdings eine gute Sekunde. Trotz der polyglotten Fähigkeit des Papstes mussten die jungen Leute einen Moment überlegen, was er gesagt habe, denn in der Aussprache erinnerte das liechtensteinische Wort «zema» (= zusammen) leicht an das Polnische!

Das Liechtensteinische ist besonders reich an Farbe, von der der Dialekt aber leider in den letzten Jahrzehnten vieles verloren hat. Auch das ist bis zu einem gewissen Grad auf äussere Einflüsse zurückzuführen, und sicher hat auch einfach der «Zahn der Zeit» daran genagt. Heute wird es immer schwieriger, schon aus wenigen Worten zu erkennen, ob jemand aus Balzers, Vaduz oder Schaan stammt, aber die Sprache ist immer noch klangvoll, und es gibt genügend Leute, die dafür sorgen, dass diese Werte nicht ganz verlorengehen. Einer davon ist Alexander Frick, Fürstlicher Regierungschef von 1945 bis 1962. Man nennt ihn im ganzen Land einfach den «Xander». Er hat sich selbst zu so etwas wie einem «Konservator» des Liechtensteinischen gemacht und weiss unzählige illustrative Beispiele anzuführen.

«Marn am Marga varem z'Marga gangi in Forscht go worba» habe man – so erzählt er – in seiner Jugendzeit in Schaan gesagt. Damals hatte man noch das «o» vor einem «r» als offenes «a» ausgesprochen, während man heute «Morn (= morgen) am Morga (= am Morgen) vorem (= vor dem) z'Morga (= z'Morgen)» sagt. Nicht nur das offene «a» ist verlorengegangen, sondern auch die Gewohnheit, am Morgen schon vor dem Frühstück in den Wald arbeiten zu gehen! Aber damals hiess auch das Korn «Karn», die Orgel «Argel», das Dorf «Darf», und man könnte von «Zarn» erfüllt werden beim Gedanken an die inzwischen eingetretene Nivellierung!

Xander Frick verweist noch auf die Wortveränderung von Schmalz über Anken bis Butter. Früher einmal war in der Liechtensteiner Gegend nur das Wort Schmalz bekannt, das heute ausschliesslich für ausgelassene Butter verwendet wird. Das Wort Anken kam dann bald gleichberechtigt in Gebrauch, doch ist dies heute in Liechtenstein ganz verschwunden.

Viel Bodenständiges ist in der Sprache verlorengegangen, weil das Leben sich verändert hat. Noch immer aber klingt aus dem liechtensteinischen Dialekt etwas Kerniges heraus, Ausdruck der Härte der Bergwelt. Gleichzeitig beinhaltet er aber auch deren Charme, besonders wenn er gepflegt präsentiert wird wie etwa in den herrlichen Poesien der grossen Liechtensteiner Mundartdichterin Ida Ospelt-Amann, die am 15. Februar 1986 ihren 87. Geburtstag feiern konnte.

Ihr Leben war dasjenige eines Bauernmädchens, die schwere Arbeit hatte zu ihrem Alltag gehört. Dann war sie Hausfrau, Mutter und Gastwirtin, so dass sie erst 1956 ihren ersten Gedichtband publizieren konnte. «S Loob-Bett» (= Das Laubbett) griff in die Jugendzeit zurück, und Erinnerung und Hingabe an Vergangenes, Entschwundenes ist ihr poetisches Anliegen geblieben.

Ihre Ode an «Liechtenstein am Rhein» ist Ausdruck ihrer Verbundenheit mit der geliebten Heimat:

Liachtaschtää am Rhy

Ka Land so schöö uf Ärda
und isch es noch so kly,
umkrenzt vo schtolza Bärga
ischt Liachtaschtää am Rhy.

Mir sind vo allna Schtaata
die klinschti Monarchy.
Dr Förscht ischt üser Vatter
im Liachtaschtää am Rhy.

Im Taal, do wachst dr Törka,
am Hang, do ryft dr Wy.
Komm no amool gi luaga
is Liachtaschtää am Rhy.

Landschaften und Gemeinden:

Klein – geteilt durch zwei

Die Zeiten, da man in der Schule noch lernte, ein Atom sei das kleinste nicht mehr spaltbare Teilchen, sind längst vorbei. Die physikalischen Erkenntnisse und die Welt haben sich geändert. Die Politik ist grossteils gleich geblieben, denn dort haben Teilungen von Ländern und Meinungen, von Regionen und Parteien, von Gemeinden und Programmen schon immer stattgefunden.

Das gilt auch für Liechtenstein. So klein dieses Land auch ist, so einig die Liechtensteinerinnen und Liechtensteiner sich nach aussen zeigen, so aufgesplittert, ja manchmal – vor allem in Zeiten des Wahlkampfes – so uneinig sind sie in Wirklichkeit.

Einen Unterländer und einen Oberländer gleichsetzen zu wollen, käme einer gefährlichen staatspolitischen Häresie gleich. Vielleicht ist aber auch dieser Graben zwischen Ober- und Unterland ein Beweis für die Geschichtsverbundenheit des Landes, das ja nicht als Einheit begonnen hatte. Als Karl der Grosse 806 die fränkische Gauverfassung einführte, unterstellte er das Oberland dem «Ministerium in Planis», das Unterland dem «Ministerium Vallis Drusiana», und später entstanden daraus die Grafschaft Vaduz im heutigen Oberland und die Herrschaft Schellenberg im heutigen Unterland.

Erst als die beiden Teile zu Beginn des 18. Jahrhunderts zum Reichsfürstentum vereinigt wurden, entstanden die gemeinsamen Grenzen, aber ein Vierteljahrtausend hat nicht ausgereicht, um das Bewusstsein der Zugehörigkeit zum Oberland oder zum Unterland auszumerzen. Warum sollte es auch? Eine gewisse Rivalität kann von Vorteil sein, und zudem erkennt man in den alteingesessenen Bürgern den Unterschied der Mentalitäten: das Oberland mehr nach den Bergen Rätiens ausgerichtet, das Unterland mehr vom Vorarlbergischen beeinflusst.

Allerdings sind diese Alteingesessenen eher rar geworden, doch der Kern bleibt und wirkt wie Sauerteig. Es ist nicht nur Sentimentalität oder Nostalgie, die diese Nuancen aufrechterhalten. Auch die Grundlagen des heutigen Staates nehmen bewusst Rücksicht darauf. Trotz der Kleinheit des Landes will man keinen politischen Eintopf.

67 Schon im Artikel 1 der Verfassung heisst es: «Das Fürstentum Liech-

tenstein bildet in der Vereinigung seiner beiden Landschaften Vaduz und Schellenberg ein unteilbares und unveräusserliches Ganzes; die Landschaft Vaduz (Oberland) besteht aus den Gemeinden Vaduz, Balzers, Planken, Schaan, Triesen und Triesenberg, die Landschaft Schellenberg (Unterland) aus den Gemeinden Eschen, Gamprin, Mauren, Ruggell und Schellenberg. – Vaduz ist der Hauptort und der Sitz der Landesbehörden.»

Die Verfassung beginnt also – wenn die Übertreibung gestattet ist – mit einem Widerspruch: Da ist von einem «unteilbaren und unveräusserlichen Ganzen» die Rede, und dann ist gleichzeitig auf die elf Gemeinden hingewiesen, bei denen es sich ja nicht einfach um Verwaltungsbezirke, sondern um kleine, lebendige und in vielen Belangen unabhängige Volksgemeinschaften handelt. Viele der hier seit längerer oder weniger langer Zeit ansässigen Ausländer oder auch jener, die – von irgendwoher eingewandert – liechtensteinische Staatsbürger geworden sind, fühlen und denken heute wie waschechte Liechtensteiner, aber der Beweis, dass Ausländer ebenso unverkennbare Vaduzner oder Balzner, Schaaner oder Ruggeller geworden sind, wäre kaum zu erbringen.

Liechtenstein ist, ähnlich wie die Schweiz, von unten her aufgebaut: Zuerst ist man Gemeindebürger, dann – vor allem in Wahlzeiten – Bürger des Ober- oder des Unterlandes und schliesslich Liechtensteiner. Alles aber ist man hundertprozentig. Die Autoritätsteilung ist fast etwas so Unbegreifliches wie in der Physik die Atomspaltung!

Was ist ein Gemeindebürger? Otto Seger umschreibt dies in seinem «Lachenden Liechtenstein» mit den unmissverständlichen Worten: «Ein Mann, der über den Gemeinderat schimpft, wenn er nicht gerade selbst darin sitzt.»

Wie dem auch sei. Richtig ist auf jeden Fall, was Willibald Heeb unter dem Titel «Unser Dorf» in einer Publikation für die Gemeinde Balzers geschrieben hatte: «Das Wort 'Dorf': es bedeutet Tradition und Zusammengehörigkeit, es fesselt seine Insassen mit unsichtbaren Banden an sich und zusammen... Es ist eine Gemeinschaft, die im Laufe der Jahrhunderte gewachsen ist und in der noch gilt: Einer für alle und alle für einen. Der kalte Egoismus der Städter, den Wohl und Wehe des Nachbarn kaum berühren, ergriff noch nicht Besitz vom Dörfler... Er fühlt sich als Teil einer lebendigen Gemeinschaft, die auf Gedeih und Verderb zusammenhält, seiner Dorfgemeinschaft.»

In den liechtensteinischen Dörfern ist die Gemeinschaft ausschliesslich zum «Gedeih» wirksam geworden, und was Friedrich von Logau vor 330 Jahren sagte, hat hier keine Gültigkeit: «Von Dürfen wurden wol   68 die Dörfer einst genannt; denn nichts als Dürftigkeit ist Dörfern jetzt bekannt.» Allerdings haben in längst vergessener Zeit auch die Dörfer des heutigen Liechtenstein Dürftigkeit gekannt. Jene, die in der Rheinebene liegen, gediehten allerdings dank der Verbindungsstrasse, die zwischen Oberitalien und dem süddeutschen Raum die Handelswege durch das Rheintal führte. Aber der wirtschaftliche Aufschwung wurde immer wieder durch kriegerische Handlungen unterbrochen.

Balzers, die südlichste Gemeinde des Fürstentums, hat während Jahrhunderten dieses Auf und Ab der Entwicklung erlebt. 850 ist sein Name, damals «Palazoles», erstmals urkundlich festgehalten, und der erste namentlich bekannte Balzner Bürger hiess Palduin. Um die Mitte des 10. Jahrhunderts zog König Otto I. von Italien her über die Steig. Zwei Jahrhunderte später kam es hier zu einer blutigen Auseinandersetzung zwischen der Streitmacht des Bischofs Friedrich von Montfort und den Truppen der Grafen von Werdenberg. Dafür, dass der Ort in diesen Wirren nicht unterging, errichteten – so will es die Legende – die gläubigen Balzner die Mariahilf-Kapelle. 1309 eroberte Ulrich von Ramschwag Schloss Gutenberg, auf dem Minnesänger Heinrich von Frauenberg Wohnsitz genommen hatte, für die Habsburger, aber 1445 kamen die bösen Eidgenossen und verbrannten am 5. Februar Balzers. Ob die eidgenössische Tradition des Feuerlegens im Balzner Wald auf jene Zeit zurückgeht? Auf alle Fälle waren sie schon damals nachtragend, denn als die Besatzung auf Gutenberg die Eidgenossen verhöhnte, belagerten diese die Festung, auf der dann Kaiser Maximilian höchst persönlich einzog. 1647 sind die Schweden die ungebetenen Gäste, 1798 ziehen 4000 Österreicher über die Luziensteig, ein Jahr später entreisst der französische General Massena den Österreichern den umkämpften Stützpunkt, und während zwanzig Tagen haust ein französisches Kontingent in Balzers, wo ein halbes Jahr später 23 000 Russen unter General Suwarow kampieren. Seither sind glücklicherweise die Kriegswirren verstummt, und auf der Luziensteig herrscht die «friedliche» schweizerische Armee, die allerdings, vorwiegend bei Föhn, ihrem Eroberungsdrang erliegt!

Aber auch ohne schweizerische Schiessübungen hat Balzers seit eh und je unter dem Föhn gelitten. «In, und um Balzers geht der Südwind ausserordentlich stark, bricht durch die Luziensteig ein, prallt von den entgegengesetzten schweizer Gebirgen zurück, und wehet oft im Wirbel so fürchterlich, dass er Häuser abdecket, und alles verwüstet», schrieb Landvogt Joseph Schuppler schon im Jahre 1815.

69 Erst im Jahre 1921 ist Balzers an das Elektrizitätsnetz angeschlossen

Vorhergehende Doppelseite:
Von einem Felssporn herab dominiert die Burg von Gutenberg das
Dorfbild von Balzers. Sie geht
auf das 13. Jh. zurück. Heute ist
das Wahrzeichen Gemeinde-

eigentum. Die Pfarrkirche stammt
in der heutigen Form aus der Zeit
vor dem Ersten Weltkrieg. Balzers
selbst hat sich vom Bauerndorf
zu einem liechtensteinischen
Industriezentrum entwickelt.

worden, aber bis zum Ende des Zweiten Weltkrieges blieb es ein Bauerndorf, in das die Industrie höchstens in Form von Heimarbeit Einzug
hielt. 1946 wurde als erstes eigentliches Industrieunternehmen die Balzers AG gegründet. Inzwischen sind Balzers und Schaan zu den bedeutendsten Industriegemeinden des Landes herangewachsen.

Trotzdem hat Balzers seinen alten Dorfkern weitgehend bewahren
können, wenngleich es als Folge der Entwicklung mehr und mehr mit
Mäls zu einer Einheit geworden ist. Aber Balzers, die Südkapitale des
Fürstentums, ist echt liechtensteinisch auch ein «Bergdorf», besitzt es
doch oberhalb von Triesenberg und südlich von Triesen Alpengebiete,
in denen noch – wie früher, was gar nicht so fern liegt – der Almwirt-
schaft nachgegangen wird.

Triesenberg, die höchstgelegene der liechtensteinischen Gemeinden,
mit etwa 2300 Einwohnern diesbezüglich an siebter Stelle im kommu-
nalen Reigen, zieht sich der Landstrasse entlang über weite Strecken
dahin von 700 Meter über Meer bis auf eine Höhe von 1200 Meter. Es
ist eine typische Walsersiedlung. Vom Oberwallis war eine Gruppe
Walser im 14. Jahrhundert über Graubünden hierher vorgestossen und
hatte ihre Sitten, ihre Sprache und auch ihre Gewohnheiten mitge-
bracht. Die Strassensiedlung ist echt walserisch, und so weist Triesenberg auch in seinem Äusseren unverkennbar auf die Vergangenheit hin.
Als die Walser vor Jahrhunderten ins «Balbun» einwanderten, waren
sie keine Ski-Stars wie Hanni und Andy Wenzel. Heute aber ist Malbun
nicht mehr Balbun, dafür ein bekanntes Erholungs- und Sportzentrum
auf 1600 m ü. M. Ebenfalls zu Triesenberg gehören Gaflei (1500 m),
Silum (1500 m), Masescha (1250 m) und in Steg (1300 m) das Langlauf-
zentrum «Valüna»-Lopp, das schon in seinem Namen eine Mischung
von gestern und morgen darstellt.

Triesen ist mit seinen etwa 3000 Einwohnern bevölkerungsmässig die
viertstärkste Gemeinde des Landes. Es rühmt sich, schon in der Römerzeit bestanden zu haben, und erstmals urkundlich erwähnt ist es immerhin bereits im Jahre 1155. Die «Herren von Trisun», eines der bedeutendsten Adelsgeschlechter Triesens, waren Bedienstete der mächtigen

72

Grafen von Montfort, der schwäbischen Adeligen, die sich nach dem Stammschloss Montfort bei Götzis in Vorarlberg benannten und um die Mitte des 13. Jahrhunderts die unbestrittenen Herren in Feldkirch und Bregenz waren. Triesen hat seinen Charakter bewahrt und sich tatkräftig für die Erhaltung des alten Dorfteils eingesetzt, aber die Industrialisierung hat natürlich, und nicht zum Nachteil, in der Mitte des letzten Jahrhunderts auch hier Einzug gehalten.

Nördlich von Triesen, bei der alten Rheinbrücke, der Hauptort *Vaduz* mit seinen fast 5000 Einwohnern. Vaduz hat das Vorrecht, einen Bürgermeister zu stellen, wogegen die anderen zehn Gemeinden sich mit dem Titel eines «Vorstehers» begnügen müssen. Vaduz, Residenz des Landesfürsten und Sitz der fürstlichen Regierung, hat sich leider vor allem im Kern in den letzten Jahren verunstalten lassen. Es ist zwar eine böswillige Unterstellung, wenn behauptet wird, man sähe vor lauter Briefkästen die Häuser nicht mehr, aber Parkplätze und zwei durch Abgase verpestete Durchgangsstrassen scheinen auf den ersten Blick das Charakteristische zu sein; dieser erste Blick wird allerdings meistens von den durchrasenden und das Land verpestenden Schnell-touristen getan, die man amerikanisiert auch «Fast-Touristen» nennen könnte! Wer ein bisschen verweilt, wird Vaduz anders, besser beurteilen. Wenn man nur die Augen ein wenig erhebt, muss man erkennen, dass echte und bleibende Werte den Wirtschaftsboom überdauern. Das mittelalterliche Schloss Vaduz, das sich hundert Meter über dem Dorfkern erhebt, hatte schliesslich auch schon schlechtere Zeiten erlebt: als Weindepot, Ausflugsgaststätte, Kerker und Militärkaserne. Heute aber ist es stolze Residenz des Landesfürsten. In der Nordbastion des Schlosses, das auf die Grafen von Werdenberg, die Freiherren von Brandis, die Grafen von Sulz und jene von Hohenems zurückgeht, ist die grosse Kunstsammlung des Fürsten untergebracht, soweit sie nicht zum kleinen Teil im Städtle oder – wie 1985/86 – in ihrer Mehrheit im New Yorker «Metropolitan Museum of Art» zu Gast ist. Im Schloss selbst sticht vor allem die Schlosskapelle mit ihrem prächtigen spätgotischen Flügelaltar hervor, dessen Plastiken und Malereien von unermesslichem Wert sind.

Der Ort Vaduz ist heute weder Dorf noch Stadt. Die Vaduzer, die sich «Vadozner» nennen, sprechen von ihrem Hauptort liebevoll als dem «Städtle». Nach den Sünden der Vergangenheit sind sie auch draufgekommen, dass es sich lohnt, das Kleinod zu hegen und zu pflegen. Bereits sind gewisse Partien der alten Dorfteile wie Oberdorf, Mitteldorf und Altenbach geschmackvoll renoviert, und das Wahrzeichen dieser erhöhten Lage, das sogenannte «Rote Haus», erstrahlt ebenfalls seit kurzem in neuem Glanz. Und der rundherum gedeihende «Vaduzer», ein süffiger Rotwein, lockert die Zungen der ohne dieses Hilfsmittel eher zurückhaltenden Einheimischen.

Im «Städtle», direkt unter dem Schlossfelsen, dominiert das Regierungsgebäude, in dem der Regierungschef und der Regierungschefstellvertreter mit der Verwaltung amten.

Südlich vom Regierungsgebäude setzt die Pfarrkirche St. Florin ein Markenzeichen in die Landschaft. Sie war in der zweiten Hälfte des vorigen Jahrhunderts parallel zur Südflucht der alten Kapelle nach Plänen des Wiener Architekten Friedrich von Schmidt errichtet und Ende 1873 geweiht worden. Der neugotische, dreischiffige Gewölbebau bot am 8. September 1985 Papst Johannes Paul II. Gelegenheit, sich mit kranken, behinderten und alten Menschen zu treffen.

Obwohl sich auch Vaduz in kürzester Zeit vom Bauerndorf zum ansehnlichen Städtchen entwickelt hat, ist es nicht vorwiegend von der Industrie geprägt. Zwar gab es hier einen der ersten Industriebetriebe des Landes, ein inzwischen stillgelegtes Textilunternehmen, zudem haben sich seit wenigen Jahren neue Industrien entwickelt, aber Vaduz hat sich überwiegend dem Tertiärsektor verschrieben. Im Vordergrund stehen natürlich die drei Banken: die Landesbank, die am 5. Dezember 1861 vom Landesverweser im Namen des Fürsten Johann II. gegründet worden war, dann die – wie schon der Name sagt – private Verwaltungs- und Privat-Bank und schliesslich die Bank in Liechtenstein AG, die 1970 als Privatvermögen des Fürsten in die Fürst von Liechtenstein-Stiftung eingebracht worden ist. Daneben sind vor allem auch die Treuhandunternehmen zu nennen, unter denen abweisende Urteile ganz einfach «Briefkastenfirmen» verstehen. Es kann nicht verschwiegen werden, dass solche sogenannte «Sitzfirmen» eine nicht unbedeutende Rolle spielen. Der frühere Regierungschef Gerard Batliner hat kürzlich in einem Referat eine Zahl von rund 80 Millionen Franken genannt, die der Staatskasse aus den Steuerabgaben der Sitz- und Holdinggesellschaften sowie aus der Philatelie zufliessen. Das ist immerhin fast ein Drittel der Staatseinnahmen! Ist das verwerflich? Briefkästen an sich sind doch weiss Gott wertneutral, es kommt also ausschliesslich darauf an, mit welchen Mitteln dieses Geld erwirtschaftet wird. Dabei ist zu sagen, dass Liechtenstein seine Gesetze wesentlich verschärft hat, so dass ihm im Rahmen dessen, was menschliche Vorsorge vermag, kaum mehr Vorwürfe gemacht werden können.

Vaduz war übrigens erst 1842 von Schaan getrennt worden, zu dem es bisher gehört hatte. Sein Name schien allerdings schon Mitte des 12. Jahrhunderts in der Schreibweise von «Faduzes» erstmals auf und erinnert an das heute noch im Rätoromanischen gebräuchliche «avadutg». «Faduzes» kommt vom lateinischen «aquaeductus», wogegen «avadutg» soviel wie «Mühlgraben» bedeutet. Diese zweite Version weist damit auf die schon im 9. Jahrhundert urkundlich vermerkte Mühle von Schaan-Vaduz hin. Auch als Vaduz noch ein Teil von Schaan war, zeichnete es sich durch politisches Gewicht aus, das natürlich durch die Wahl des Regierungssitzes gewaltig zunahm. Das hat allerdings auch bevölkerungspolitische Konsequenzen. «Von den 5000 Einwohnern der liechtensteinischen Residenz sind nur etwa die Hälfte Liechtensteiner, und davon wieder weniger als die Hälfte Bürger von Vaduz. Die Vaduzer sind also in ihrer eigenen Gemeinde zur Minderheit geworden», sagte Bürgermeister Arthur Konrad. Von Minderwertigkeitskomplex kann aber keine Rede sein. Die Gemeinde hat ihr Rathaus im Zentrum des Städtchens kunstvoll restauriert und zu einem sehenswerten Wahrzeichen gemacht. Wenn Bürgermeister Konrad also von Vaduz als einem «Weltdorf» spricht, so legt er zu Recht den Nachdruck auf beide: Dorf und Welt.

Schaan, die nördliche Nachbargemeinde des Hauptortes, ist ob der «Amputation» keineswegs unglücklich. Es liegt zwar bevölkerungsmässig ein klein wenig hinter Vaduz zurück, hat sich aber unbestritten zum eigentlichen Industriezentrum des Landes entwickelt. Trotzdem hat es sein Ortsbild entlang der Landstrasse noch weitgehend bewahrt. Die Geschichte Schaans lässt sich bis in die Römerzeit verfolgen, doch ist sein Name, erstmals 831 als «Scana» beurkundet, vermutlich vorrömischen Ursprungs. Im Mittelalter und bis in die Neuzeit hinein war Schaan immer wieder von schwerster Unbill heimgesucht worden: Feuersbrünste und Überschwemmungen verwüsteten wiederholt Land und Wohnstätten, und feindliche Armeen wie jene der Eidgenossen und Franzosen hausten wie wilde Horden. Die alte Pfarrkirche St. Lorenz war zum erstenmal in einem Ablassbrief des Jahres 1300 erwähnt. Fünfhundert Jahre später hatte man dann eine Vergrösserung geplant, die nicht durchgeführt wurde. Obwohl die Kirche vom Dorfbrand des Jahres 1874 nicht berührt worden war, beschloss man einen Neubau, der 1893 geweiht werden konnte. Die alte Kirche wurde mit Ausnahme des Turmes niedergelegt, der heute noch, umgeben vom Gottesacker, an die Vergangenheit erinnert.

Planken, nordöstlich von Schaan am Fuss des 2000 Meter hohen

Grenzberges Drei Schwestern gelegen, ist nicht nur die kleinste Gemeinde des Oberlandes, sondern des Fürstentums überhaupt. Planken ist eine typische Walsersiedlung auf 800 Meter Höhe. Von der Landesherrschaft hatten die Einwanderer die Alpweiden, von der Gemeinde Schaan die Güter erhalten. Im 16. Jahrhundert sind dann die walserischen Genossenschaften aufgelöst und die neue Talgemeinde Planken geschaffen worden. Planken, das an die 300 Einwohner zählt, verdankt seinen Namen dem romanischen Wort «planca», was auf die ansteigenden Wiesen und Weiden hinweist. Es ist also anzunehmen, dass hier der Wald schon lange vor der Walsereinwanderung gerodet worden war. Solange die Landwirtschaft die Haupteinnahmequelle bildete, war Planken eine arme Gemeinde; heute aber finden seine Einwohner in der im Tal angesiedelten Industrie genügend Arbeitsplätze und können trotzdem in ihrem geliebten Planken wohnen.

Die sechs Gemeinden Balzers, Triesenberg, Triesen, Vaduz, Schaan und Planken formen das Oberland. Die fünf Gemeinden des Unterlandes gruppieren sich um den Eschnerberg, der nordöstlich in Richtung Feldkirch abflacht und südwestlich bis an den Rhein vorstösst.

Die Gemeinde *Gamprin,* die aus den beiden Ortschaften Gamprin und *Bendern* besteht, liegt am Südwestzipfel des Eschnerberges, vom Rhein nur durch die nach Ruggell und von dort in das schweizerische Sennwald führende Landstrasse getrennt. Gamprin und Bendern verbinden historisch gesehen zwei Kulturen: Bendern ist eindeutig keltischen Ursprungs. Die ältesten Urkundenformen nennen es «Bendurum», also «pennos» (Kopf) und «durum» (umfriedeter Hof oder Burg). «Camporin» hingegen klingt römisch und ist wohl von «campus Rheni» abgeleitet. Früher einmal ist der ganze Eschnerberg eine einzige Marktgenossenschaft gewesen. Der Kirchhügel in Bendern zählt zweifellos zu den schönsten Punkten der Region. Hier hatten am 16. März 1699 Männer aus dem Unterland dem Fürsten von Liechtenstein die Treue geschworen. Es war dies also zwei Monate, nachdem Fürst Hans Adam von Liechtenstein die Herrschaft Schellenberg erworben hatte, zwanzig Jahre vor der Schaffung des Reichsfürstentums Liechtenstein. Im Jahre 1045 waren Kirche und Ort von Bendern zum erstenmal in einer Urkunde verewigt. Es handelte sich um einen königlichen Firmbrief für das Frauenkloster Schänis im schweizerischen Kanton St. Gallen. 1251 wurde die Kirche formell in das Churer Stift St. Luzi inkorporiert. Der letzte Prämonstratenserpfarrer aus dem Kloster St. Luzi starb 1861, und seither amten in Bendern Weltgeistliche. Das von den Mönchen gebaute Gebäude mit der damaligen Abtwohnung ist erst kürzlich renoviert worden und dient heute als Pfarrhaus. Am 8. September 1985 war es zu besonderen Ehren gekommen, indem dort Papst Johannes Paul II. während seines Pastoralbesuches zusammen mit den liechtensteinischen Geistlichen das Mittagessen eingenommen hat.

Direkt neben Gamprin liegt *Eschen,* der Hauptort des Unterlandes. Zusammen mit der dazugehörigen Ortschaft *Nendeln* zählt es etwa 2700 Einwohner. Sein Name wird als vorrömisch auf das keltische Wort «eska» (Wasser) zurückgeführt. Im Mittelalter lagen auf Eschner Gebiet Güter der Klöster Pfäfers, St. Luzi in Chur und St. Gallen sowie Besitzungen der Grafen von Werdenberg. Nördlich von Eschen, direkt neben der Dorfgrenze von Mauren, wurden in früherer Zeit die Hinrichtungen vorgenommen, letztmals 1785 durch Enthauptung einer Diebin. Heute präsentiert sich Eschen als flächenintensive Streusiedlung mit gut erhaltenen landwirtschaftlichen Hausgruppen im Dorfteil Schönbühl, von dem Kenner behaupten, es sei eine der schönsten Wohnlagen des ganzen Landes.

Mauren-Schaanwald dehnt sich vom Eschnerberg bis hin zum Maurerberg, der die Ostgrenze zu Österreich bildet. Mauren hat – wie Eschen-Nendeln – etwa 2700 Einwohner. Hier hat man Ende der zwanziger Jahre einen römischen Gutshof mit Badehaus ausgegraben und daneben ein 48 m langes Stück der römischen Durchgangsstrasse nachgewiesen, die eine Breite von 3,5 m hatte. Mauren, dessen Name zweifellos auf das lateinische «murus» zurückzuführen ist, hat aber nicht nur mit den alten Römern, sondern auch mit dem heutigen Rom etwas gemeinsam: die topografischen Gegebenheiten. Mauren und Rom sind auf sieben Hügeln angelegt! Zusammen mit der Gemeinde Eschen besitzt Mauren eine der schönsten Gemeindesportanlagen, den Sportpark Eschen-Mauren, der schon wieder an Rom, diesmal genauer gesagt, an den Vatikan erinnert: Auf diesem Sportpark hatte Papst Johannes Paul II. die Eucharistiefeier zelebriert. Der Ortsteil Schaanwald am Fusse des Dreischwestern-Massives bietet den Verbindungsweg nach Feldkirch, also nach Österreich.

Mauren besass eine alte gotische Kirche, über deren Entstehungsgeschichte nichts Genaues bekannt ist, hingegen geht aus einem Visitationsbericht von 1660 hervor, dass sie drei Altäre aufwies, von denen einer schon damals als «valde vetustum» (sehr alt) eingestuft worden war. 1842 wurde diese baufällig gewordene Kirche niedergerissen und durch eine neue ersetzt, deren Schiff mit einem Walmdach, deren Chor aber mit einem Satteldach gedeckt ist.

Ruggell (an die 1300 Einwohner) ist ein typisches Ringstrassendorf. Viele alte Wohnhäuser weiten sich rückwärts zum angebauten Stall.

Vorhergehende Doppelseite:
Die Westflanke des
Drei-Schwestern-Massivs bildet
den eigentlichen Eschnerberg.
Von hier aus öffnet sich die
Sicht rheinaufwärts bis zum Knie
bei Balzers. Immer wird der Blick

eingeengt durch die Schweizer
Berge; wenn man aber den Kopf
nur ein wenig nordwärts drehen
würde, wäre die österreichische
Mistelmark im Weg. So klein ist
Liechtenstein! Aber ein Kleinod
ist nie gross ...

Ruggell ist noch heute eine hauptsächlich landwirtschaftlich ausgerichtete Gemeinde, die sich als einzige in Liechtenstein von Anfang an ausschliesslich in der Rheinebene entwickelt hat. Wegen des nahen Stromes sind denn auch die alten Wohnhäuser auf einem steinernen Sockelgeschoss errichtet. Sein Name wird zurückgeführt auf das rätoromanische Wort «runc» (gerodetes Land). Im Mittelalter waren das Domkapitel und das Kloster St. Luzi in Chur die Grundbesitzer in Ruggell. 1617 war hier eine dem hl. Fridolin geweihte Kapelle gebaut worden. Die heutige neugotische Pfarrkirche St. Fridolin beherbergt noch eine Glocke aus der alten Kapelle. Sie trägt die Inschrift «VOM FEVR BIN ICH GEFLOSSEN GABRIEL FELIX HAT MICH GEGOSSEN».

Als letzte noch die nördlichste Gemeinde Liechtensteins: *Schellenberg*. Es ist die einzige Ortschaft des Fürstentums, die einen deutschsprachigen Namen trägt. Er geht natürlich auf die im Hochmittelalter hier residierenden Herren von Schellenberg zurück. Mit seinen etwa 650 Einwohnern ist Schellenberg die zweitkleinste Gemeinde des Landes. Sie hat ihren weilerhaft-dörflichen Charakter weitestens bewahrt. Die beiden alten Burgen stammen aus dem 12. Jahrhundert. Im Jahre 1317 wurden sie dann Eigentum der Grafen von Werdenberg. Vor nicht allzu langer Zeit sind sie renoviert worden und bilden heute der schönen Aussicht wegen beliebte Ausflugsziele.

* * *

Die liechtensteinischen Gemeinden erheben eigene Steuern, die den Landessteuern zugeschlagen werden. Die Höchstgrenze wird gemäss Steuergesetz jährlich festgesetzt.

Das kleine Fürstentum Liechtenstein ist zweigeteilt: in das Oberland und das Unterland. Man könnte auch behaupten, es sei durch elf geteilt, nämlich in die elf selbständigen Gemeinden, die dann geschlossen wieder die Einheit bilden. Man könnte aber den Titel dieses Kapitels auch auf die Steuern beziehen: Klein – geteilt durch zwei – eben in die Landes- und die Gemeindesteuern ...

Die Wirtschaft:

«Made in Liechtenstein»

Noch bevor Fürst Johann II. 1862 dem Land eine liberale Verfassung schenkte, durch die die Untertanen zu Bürgern erhoben wurden, gab es in Liechtenstein Ansätze zur Industrialisierung. Als erstes industrielles Unternehmen entstand im Mühleholz eine Färberei. Dann folgten die Textilfabriken von Jenny & Spörri in Vaduz und in Triesen, in denen 1887 bereits 85 männliche und 215 weibliche Arbeitskräfte beschäftigt waren. Die Mehrheit jener aber, die Industriearbeit suchten, musste ins nahe Ausland: die Oberländer ins schweizerische Trübbach, nach Mels oder Sargans, die Unterländer in das vorarlbergische Tisis oder nach Feldkirch.

Parallel dazu begann sich ein eigentlicher Gewerbestand zu entwikkeln. Man errichtete eine freiwillige Abendgewerbeschule, um die jungen Leute auszubilden. Andere zogen zu fremden Arbeitgebern ins Ausland, um jeweils im Herbst wieder nach Hause zu kommen, und viele blieben auch jahrelang weg und kehrten später mit Erspartem, das zum Grundstein für viele Familien wurde, zurück.

Aus der Enge der kleinen Heimat zog man aus, um Neues zu lernen, und mit dem Wissen, das man mitbrachte, verbesserte man im väterlichen Gewerbe die Arbeitsmethoden. Es waren noch sehr harte Zeiten, auch für Liechtenstein, aber alles deutete darauf hin, dass es von nun an aufwärts gehen werde.

«Der Staatsvertrag zwischen Österreich und Liechtenstein, wodurch der Beitritt des Fürstentums Liechtenstein zu dem österreichischen Zoll- und Steuergebiet festgesetzt» wurde, war bereits 1852 unterzeichnet worden und bildete die Grundlage für eine gedeihliche Entwicklung. Zwar waren schon in den sechziger Jahren des vorigen Jahrhunderts in Liechtenstein Stimmen laut geworden, die für einen Wirtschaftsanschluss an die Schweiz plädierten, doch das Parlament, also der Landtag, ging darauf nicht ein. Er konnte auch gar nicht, denn bis zu 70 Prozent der liechtensteinischen Staatseinnahmen stammten aus Vergütungen, die Österreich auf Grund dieses Vertrages leistete.

Das Fundament begann aber bald zu bersten. Zur Zeit, da in Liechtenstein die ersten direkten Parlamentswahlen stattfanden (März 1918), war der Zusammenbruch der Donaumonarchie schon vorauszusehen. Die damals gegründete «Christlich-soziale Volkspartei», die heutige «Vaterländische Union», verlangte denn auch ausdrücklich in ihrem Programm «bei allfälligem Abschluss von Handels-Zollverträgen nicht nur Rücksichtnahme auf die Finanzen des Landes, sondern in erster Linie auf die Wirtschaft des Volkes». Man suchte also noch vor Kriegsende in Vorahnung dessen, was folgen sollte, neue Wege, wogegen die «Fortschrittliche Bürgerpartei», die im Dezember 1918, also nach der Niederlage der Mittelmächte, gegründet wurde, die «Beibehaltung des Zollvertrages mit Österreich» zu einem ihrer Programmpunkte erhob. Im August 1919 kündigte Liechtenstein den Zollvertrag mit Österreich, und im Januar 1920 wurden die ersten Verhandlungen mit der Schweiz aufgenommen. Die schweizerische Regierung war mehrheitlich für die Zollunion. Einzig Bundesrat Emil Schulthess bekämpfte die Vorlage, wogegen Bundesrat Karl Scheurer offenbar aus ganz eigenen Überlegungen sich in die Reihen der Befürworter einordnete. In seinem Tagebuch hielt er über die Sitzung vom 18. Januar 1922 fest: «Wir reden über den Zollanschluss von Liechtenstein. Wir beschliessen, auf die Sache einzutreten; Schulthess ist allein dagegen. Ich vertrete den Standpunkt, dass eine Verfügung über das Territorium von Liechtenstein uns militärisch von sehr grossem Nutzen wäre. Schliessen wir vorläufig eine etwas engere Verbindung, so erleichtert uns das später eine Besetzung oder was sonst in Frage kommen könnte.» Aus der schweizerischen Grenzgemeinde Buchs war Widerstand erwachsen, weil man befürchtete, das Hauptzollamt könnte dann von Buchs nach Feldkirch verlegt werden, «was der Gemeinde zu grösstem Schaden gereichen» würde. Das Buchser Initiativkomitee wies auf die Geländeschwierigkeiten an dieser Grenze hin, die zu einem «wahren Dorado des dunklen Gewerbes» geworden sei, und gab zu bedenken, dass sich im Falle einer Zollunion «für protestantische Grenzwächter im katholischen Liechtenstein Unzukömmlichkeiten» ergeben. «Soll», so fragte Komiteepräsident Schwendener mit Pathos, «künftig ein beträchtliches Kontingent junger Schweizer einem moralischen Sumpffieber ausgesetzt sein?»

Sie sollten es offenbar, denn am 21. Dezember 1923 beschloss die Bundesversammlung der schweizerischen Eidgenossenschaft, den am 29. März des gleichen Jahres unterzeichneten Vertrag zu genehmigen, und am 28. Dezember wurden die Ratifikationsurkunden ausgetauscht. Vier Tage später trat er in Kraft.

Der Zollvertrag setzte den Schlussstein in das bilaterale Mosaik zwischen Liechtenstein und der Schweiz. Schon im Oktober 1919 hatte das Fürstentum durch Notenaustausch der Schweiz die Wahrung der liechtensteinischen Interessen im Ausland übertragen, worauf die liechtensteinische Gesandtschaft in Bern eröffnet wurde. Im November 1920 folgte mit dem Übereinkommen betreffend die Besorgung des Post-, Telegrafen- und Telefondienstes im Fürstentum Liechtenstein durch die schweizerische Postverwaltung und die schweizerische Telegrafen- und Telefonverwaltung der zweite Schritt. Und nach Inkrafttreten des Zollvertrages führte Liechtenstein autonom durch Gesetz vom 26. Mai 1924 den Schweizer Franken als ausschliessliche Währung ein.

Natürlich war das gesamte liechtensteinisch-schweizerische Vertragswerk eine wichtige Voraussetzung für den späteren wirtschaftlichen Aufschwung Liechtensteins, aber erstens brachte es auch der Schweiz – glücklicherweise nicht im militärischen Bereich – Vorteile, und zweitens ist Liechtensteins Wohlstand die Leistung seines eigenen Volkes, nicht der Effekt eines von aussen applizierten Stimulans. Es hat ja dann auch noch relativ lange gedauert, bis das Fürstentum Einzug halten konnte in die Wohlstandsgesellschaft, und bis weit in die dreissiger Jahre hinein galt, was in einem schweizerischen Wirtschaftsgutachten im Zusammenhang mit den Verhandlungen über Liechtenstein geschrieben worden war: «Den grössten Reichtum des Landes bilden die zahlreichen Alpen, welche die Grundbedingung für die beträchtliche Viehzucht sind. Auch die grossen schönen Wälder liefern unter der sorgfältigen Oberaufsicht des Staates schöne Erträgnisse, so dass das Land Nutz- und Brennholz ausführen kann. Daneben liefert es auch grosse Mengen Rietstreue aus den Rheinniederungen. Viele Liechtensteiner und Liechtensteinerinnen wandern jährlich aus, um als Maurer, Gipser, Waldarbeiter, Dienstmädchen etc. namentlich in der Schweiz ihr Brot zu verdienen und Ersparnisse zu machen. Andere gehen täglich in die Schweiz zur Arbeit.»

Noch kurz vor dem Zweiten Weltkrieg war Liechtenstein weitgehend ein Agrarland, wogegen heute nur noch etwa 3 Prozent der aktiven Bevölkerung im Primärsektor tätig sind. 45 Prozent wirken in Industrie, Gewerbe, Handwerk und Energieerzeugung, 52 Prozent im Dienstleistungsbereich. In den dreissig Jahren zwischen 1950 und 1980 führte der Aufschwung in der Industrie zu einer mehr als 35fachen Steigerung der Exporte (nominal in Franken). Diese Entwicklung war natürlich, wie anderswo, 1975 durch die Auswirkungen des ersten Ölschocks unterbrochen worden, und Ende 1978 ergab sich eine neue Schwierigkeit durch die gewaltige Überbewertung des Schweizer Frankens.

Trotzdem hat die Exportziffer die Marke von 900 Millionen Franken überstiegen, wogegen sie 1950 noch bei 15 Millionen lag. Pro Kopf der Einwohner weist Liechtenstein den weitaus höchsten Industrie-Export aus: 6,8mal soviel wie Österreich, 7,5mal soviel wie die Schweiz und 15,5mal soviel wie die Bundesrepublik Deutschland. Liechtenstein hat ein Wirtschaftswunder sondergleichen erlebt, das allerdings nicht einem Wunder zu verdanken ist.

Noch sind die Industriepioniere aktiv:

Gustav Ospelt, der fast gleichzeitig mit dem Landesfürsten seinen 80. Geburtstag feiern kann, hatte als einfacher Schlosser begonnen. Wegen Erkrankung des Vaters hatte er seinerzeit sein Studium abbrechen und die Leitung der väterlichen Schlosserei übernehmen müssen. Er widmete sich mit Begeisterung und Hintergedanken der erbschaftlichen Aufgabe. Eine handgeschmiedete Rose im Restaurant Real, mit dem er verwandtschaftlich verbunden ist – seine verstorbene Frau war eine Schwester des Real-Patron –, erinnert an diese Begeisterung und an seine frühen Lehrjahre. Die Hintergedanken kamen zum Tragen, als der damals 26jährige Gustav Ospelt 1932 im väterlichen Betrieb die ersten Zentralheizungsherde baute. Die Idee war geboren, die Realisierung die Basis des späteren Weltunternehmens «Hoval». Mit seinen 1800 Mitarbeitern erwirtschaftete «Hoval» einen Jahresumsatz von 200 Millionen Franken. «Hoval» produziert im Mutterwerk in Vaduz, im österreichischen Marktrenk bei Linz und im vorarlbergischen Rankweil, im englischen Newark bei Lincoln und im italienischen Grassobio bei Bergamo. Gustav Ospelt, der Vater des Stahlheizkessels, hat nie geruht, sondern immer wieder neue Ideen entwickelt oder entwickeln lassen. Verwertung von Abfällen für die Wärmegewinnung oder Geräte für die Wärmerückgewinnung in Lüftungs- und Klimaanlagen, Kompakt-Kläranlagen oder Heizkessel und Grosskessel für die Erzeugung von Dampf sind einige der Spezialitäten, die «Hoval» den Markt und die Zukunft sichern. Gustav Ospelt, dem es versagt war, das Studium zu beenden, hat durch die Universität Graz und durch den Fürsten von Liechtenstein Genugtuungen entgegennehmen dürfen, die ihn mehr als entschädigen: den Titel eines Ehrendoktors und die Auszeichnung als Fürstlicher Kommerzienrat. Sein Schwiegersohn Peter Frick, Sohn des langjährigen liechtensteinischen Regierungschefs Alexander Frick, hat bereits weitgehend das Steuer des Grossunternehmens in die Hand genommen. Die Kontinuität ist gesichert.

Martin Hilti, der 1985 seinen 70. Geburtstag feiern konnte, ist ein weiteres Beispiel für liechtensteinischen Pioniergeist. Auch er hatte in einer kleinen Werkstätte begonnen, nachdem er die Technische Hochschule in Graz mit dem Diplom auf dem Gebiet für angewandte Mathematik verlassen und an der Ingenieurschule in Wismar das Studium als Ingenieur mit Fachrichtung Maschinen- und Kraftfahrzeug-Bau beendet hatte. Anfänglich blieb Hilti bei seinem «Leisten» und fabrizierte mit fünf Mitarbeitern Autobestandteile. Nach Kriegsende erwarb die Firma Hilti die Rechte für ein gewehrähnliches Gerät, mit dem man Bolzen und Nägel in harte Unterlagen schiessen konnte. Die Weiterentwicklung brachte bald das «DX-Sicherheitsprinzip», durch das die Überenergie, die oft gefährlich werden konnte, im Werkzeug abgefangen wurde. Heute ist die «Hilti AG» die grosse Spezialfirma für Befestigungstechnik. Anstelle der einst fünf «Kumpels» sind heute zehntausend Mitarbeiter in diesem Unternehmen tätig, und der Umsatz hat längst die Milliardengrenze überschritten. Das erste Hilti-Werk im Ausland befindet sich im vorarlbergischen Thüringen, dann kam Kaufering bei München für die Produktion von Elektromotoren und Hartmetallbohrern dazu, später das Kunststoffwerk Strass, und so sind schliesslich 11 Produktionsstätten der Firma «Hilti AG» in Liechtenstein, Österreich, Deutschland, Grossbritannien, Mexiko und den USA entstanden. «Hinter Ihrem Lebenswerk», erklärte Regierungschef Hans Brunhart anlässlich der Geburtstagsfeier für Martin Hilti, «steht weit mehr als reiner Erfindergeist und die führende Stellung in technischem Fortschritt. Hinter diesem Erfolg steht neben der Annahme der Zukunft als Herausforderung vor allem das Bewusstsein einer hohen Verantwortung sich, den Mitarbeitern und unserem Land gegenüber. Dabei haben gerade Sie, Herr Professor Hilti, in ausserordentlich starker Weise neben den liechtensteinischen Aspekten die Notwendigkeit des regionalen Denkens in unserem Raum gefordert.»

Der 1914 in Schaan geborene Toni Hilti hatte mit 22 Jahren als Vollwaise die «Konservenfabrikations AG Schaan» gegründet, aus der dann später die «Hilcona», Aktiengesellschaft für moderne Ernährung, entstand. Sie hat sich inzwischen zu einem der drei führenden Konservenunternehmen im schweizerischen Wirtschaftsraum entwickelt. Mit den 330 Mitarbeitern werden im Jahr mehr als 25 Millionen Kilogramm Lebensmittelkonserven und Tiefkühlprodukte hergestellt. Auch Toni Hilti hat sich stets den modernen Gegebenheiten angepasst. Er lebt nicht mit der Zeit, er ist ihr voraus. Seine vollautomatische Konfitürenproduktion ist in ihrer Art einzig in Europa. Der bereits 1967 angegliederte Cateringservice hat sich bestens bewährt, und 1980 begann «Hilcona» mit der Herstellung von Produkten in Alubeuteln. Toni Hilti kümmert sich aber nicht nur um sein Unternehmen, sondern vor allem auch um sein Land. Seit Jahren ist er aktiver Präsident der Industrie- und Handelskammer Liechtensteins.

Prof. Dr. Max Auwärter gehört als Gründer der «Balzers AG» ebenfalls zu den liechtensteinischen Industriepionieren. Vakuumtechnik war für ihn das Mittel, mit dem er 1946 die Balzers-Gruppe aus der Taufe hob. Seine wissenschaftliche und wirtschaftliche Weitsicht ist durch die Entwicklung mehr als bestätigt worden. Ohne Vakuum- und Dünnschichttechnik wäre unser heutiges modernes Leben kaum mehr vorstellbar. Unzählige optische Geräte, aber auch Fernsehapparate und Taschenrechner gäbe es nicht, und die Mikroelektronik, die Elektronenmikroskopie, die Energietechnik und die Weltraumforschung hätten ohne diese Erkenntnisse nie den heutigen Stand erreichen können. Professor Auwärter, der von Fürst Franz Josef II. zum Fürstlichen Wissenschaftlichen Rat ernannt worden ist, hat sich aus der aktiven Unternehmensleitung zurückgezogen. Dr. Gilbert Zinsmeister hat als neuer Direktionspräsident in Nachfolge von Dr. Albert Ross neuen Schwung und neue Ideen eingebracht, die die Fortsetzung der Unternehmensstrategie auf bisherigem Niveau garantieren.

Zu diesen vier erwähnten Firmen, die die neue Industrialisierung des Landes einleiteten, sind inzwischen noch zahlreiche andere gekommen. Es würde zu weit führen, sie alle hier aufzuführen, doch ein paar zu erwähnen ist insofern gerechtfertigt, als damit die Bandbreite aufgezeigt werden kann. So etwa:

- Perkin-Elmer Censor Anstalt, der Spezialist für den Bau hochpräziser Maschinen,
- Presta, das Press- und Stanzwerk mit Erfahrung in Kaltmassivumformung, Pulvermetallurgie,
- PAV, Präzisions-Apparatebau AG Vaduz, die sich besonders im automatischen Messen von wellenförmigen Teilen, Zahnrädern, Gehäusen und unförmigen Teilen auskennt,
- Gravo-Optic mit ihren Norm- und Spezialmessplatten für Profilprojektoren, Präzisionsmassstäben, Rasterfolien, Formätzteilen und opto-elektronischen Steuerscheiben,
- Ivoclar/Vivadent, eine führende Unternehmensgruppe der Dentalindustrie,
- UT Umwelttechnik, deren Abfallcontainer in der Bundesrepublik, in Österreich und der Schweiz schon überall zu finden sind,
- Herbert Ospelt AG, die grosse Fleischwarenfabrikation mit internationalen Wurstspezialitäten.

Triesen, die südliche Nachbargemeinde von Vaduz, hat sich
bemüht, seinen alten Dorfteil zu
erhalten, aber mit einem vernünftigen Modernismus hat es sein
Gemeindezentrum ausgebaut.

Ruggell im Nordzipfel der Rheinebene ist bis heute weitgehend
ein Bauerndorf geblieben. Seine
alten Häuser stehen zum Schutz
gegen den einst gefährlichen
Rhein auf steinernen Sockeln.

Natürlich macht man sich im Land Gedanken, wie es mit der Industrialisierung weitergehen soll. Professor Max Auwärter, der Gründer der Balzers AG, hat seine Überlegungen in eine Warnung münden lassen: «Die erste Generation, welche die industrielle Blüte geschaffen hat, wird ihr Ergebnis in die Hände der nächsten legen. Inzwischen hat sich vieles geändert. Wir sind vermögend geworden mit all den Erfolgen, die daraus erwachsen können. Was wir, die Alten, den jüngeren Bürgern unseres Landes wünschen möchten, wäre, auch unter den völlig veränderten Verhältnissen, der Weiterbestand bäuerlicher Denkungsart und damit der ihr innewohnenden wertvollen Eigenschaften. Ihre Missachtung aber wäre der erste Schritt zum Verlust des heutigen Wohlstandes und der Ordnung in unserem Staat.»

Teils unter dem Druck der Sachzwänge, teils aber auch aus Rücksicht auf die Kleinheit des Landes haben sich denn die grossen Industrien von Anfang an auf eine internationale Expansion angelegt. Anderseits sind auch heute noch die betrieblichen Strukturen in der Mehrzahl auf kleine Einheiten ausgerichtet. Es gibt nur ein einziges Unternehmen mit einer Belegschaft von mehr als tausend Personen, und zwei Drittel aller Beschäftigten arbeiten in Betrieben mit weniger als hundert Mitarbeitern. Was der liechtensteinischen Industrie ihr Gewicht, gleichzeitig aber auch ihre wirtschaftliche Stabilität verleiht, ist die grosse Diversifizierung und die ausgesprochene Spezialisierung.

Neben der Industrie gehört auch das Gewerbe zum Sekundärsektor, dem Hauptpfeiler der liechtensteinischen Wirtschaft:

- Das Bauhaupt- und Baunebengewerbe ist das gewichtigste. Es verfügt über mehr als 400 Betriebe, was allerdings periodisch dazu führte, dass eine starke Überkapazität vorhanden war. Während der Ölkrise kam es dann gezwungenermassen zu einer gewissen Redimensionierung, allerdings nicht bis zu einer völligen Anpassung an die Bedürfnisse. Das ebenfalls allzu stark ausgebaute Transportgewerbe hat, was nicht typisch liechtensteinisch ist, einige Mühe, denn die internationale Konkurrenz ist ausserordentlich stark.

- Der Handel mit ebenfalls an die 400 Betrieben leidet trotz oder vielleicht gerade wegen der grossen Konsumkraft unter einer gewissen gesellschaftlichen Umstrukturierung. Die Einkaufsgewohnheiten haben sich auch in Liechtenstein auf grosse Shopping-Centren konzentriert, die aber, was nun typisch liechtensteinisch ist, im nahen Ausland, im schweizerischen Buchs oder Sargans, liegen. Hier manifestieren sich denn Gefahren, die nicht übersehen werden dürfen. Wenn es im Fürstentum bereits Gemeinden ohne ein einziges Lebensmittelgeschäft gibt, muss das aufhorchen lassen. In diesem Bereich wird denn eine gewisse Auslandsabhängigkeit sichtbar – ein Wort, das man eigentlich in Liechtenstein nur hinter der vorgehaltenen Hand aussprechen darf. – Das Gastgewerbe, wie schon sein Name sagt: zum Gewerbe gehörig, ist die stärkste Branche innerhalb des Dienstleistungsgewerbes. Es ist selbstverständlich sowohl auf die lokale Nachfrage als auch auf den Fremdenverkehr ausgerichtet. Man zählt dazu etwas über hundert Betriebe, die mehrheitlich eine zufriedenstellende Entwicklung genommen haben.

An die tausend Gewerbebetriebe in einem Land mit nicht einmal 27 000 Einwohnern ist ein Prozentsatz, der sicher das grosse Bedürfnis des Liechtensteiners zur selbständigen Tätigkeit unter Beweis stellt, obgleich zahlreiche gewerbliche Tätigkeiten nebenberuflich ausgeübt werden. Dr. Benno Beck, der Leiter des Amtes für Volkswirtschaft, charakterisiert die Situation des Gewerbes mit den Worten: «In Anbetracht der hohen Zahl der Betriebe hat das Gewerbe in unserem Land eine grosse volkswirtschaftliche Bedeutung. Erstens einmal werden dadurch Arbeitsplätze gesichert und daneben insbesondere die Ausbildungsmöglichkeiten unserer Jugendlichen stark gefördert. Das liechtensteinische Gewerbe trägt einen wesentlichen Teil zur Erarbeitung unseres Sozialproduktes bei.»

Im äusseren Bild des Hauptortes Vaduz drängt sich dem Besucher *ein* Wirtschaftszweig besonders auf: die Banken. Der alte Arkadenbau der «Liechtensteinischen Landesbank», unweit des Regierungsgebäudes, ist behäbig auf die Hauptstrasse ausgerichtet, aber auch diese Bank ist längst aus den Nähten geplatzt und hat sich in einem Neubau ausgeweitet. Die «Verwaltungs- und Privatbank» beherrscht den zentralen Schnittpunkt zwischen östlicher und westlicher Durchgangsstrasse, wogegen die «Bank in Liechtenstein» an der Herrengasse die Nordausfahrt von Vaduz nach Schaan dominiert.

Jede dieser drei Banken hat ihre besondere Spezialität:

Die «Liechtensteinische Landesbank» ist die älteste und kann in diesem Jahr ihr 125jähriges Bestehen feiern. 1861 war sie als «Zins- und Kredit-Landes-Anstalt» gegründet worden, also zu einem Zeitpunkt, da Liechtenstein noch dem Deutschen Bund angehörte. Sie ist die Staatsbank mit öffentlicher Garantie. Mit ihrer Bilanzsumme von 4 Milliarden Franken hat sie immerhin im Kreis der 25 grössten Finanzinstitute des schweizerisch-liechtensteinischen Währungsraumes Platz. Sie ist die Hausbank vieler Bürger des Landes, unterhält sie doch als einziges Bankinstitut Agenturen in verschiedenen Gemeinden.

89

Durch ihre günstigen Kredite an Private, Gewerbetreibende, Landwirte und Industrielle hat sie in nicht geringem Mass zur Hebung des Lebensstandards beigetragen. Sie verfügt über einen Anteil von fast einem Drittel der gesamten Hypothekaranlagen der drei einheimischen Banken, denn das Hypothekargeschäft ist die wesentliche Stütze des Hauses. Aber auch das kommerzielle Kreditwesen hat sich in den letzten Jahren positiv entwickelt, so dass die Landesbank zu einem wichtigen Institut für die ganze Region geworden ist.

Die «Verwaltungs- und Privatbank» ist 1956 gegründet und 1963 in eine Aktiengesellschaft umgewandelt worden. Sie ist das einzige liechtensteinische Bankinstitut, das Publikumsaktien ausgegeben hat. Sie sind mehrheitlich in liechtensteinischen Händen. Die «Verwaltungs- und Privatbank» ist eine ausgesprochene Universalbank und hat sich den Kriterien Rentabilität, Krisenfestigkeit, Wachstum und Wettbewerbsfähigkeit verschrieben. Sie ist stolz auf ihr fachlich gut ausgebildetes Personal und bezeichnet sich als «Virtuosen des Bankgeschäftes», vor allem für Anlageberatung und Vermögensverwaltung.

Die «Bank in Liechtenstein» geht auf das Jahr 1920 zurück. Als fürstlicher Besitz wurde sie 1970 in die damals gegründete «Fürst von Liechtenstein-Stiftung» eingegliedert, die das gesamte private Vermögen des Fürsten umfasst: nebst der «Bank in Liechtenstein» die Kunstsammlung, den Liegenschaftsbesitz, die land- und forstwirtschaftlichen Betriebe und die Unternehmensbeteiligungen. Die «Bank in Liechtenstein» (BiL) ist heute – obwohl Fürstenbesitz – einer der grössten Steuerzahler des Landes. In den letzten Jahren hat sie sich vor allem unter ihrem Präsidenten Christian Norgren weltweit ausgedehnt. Sie ist vertreten in Zürich durch die «Bilfinanz und Verwaltung AG», in New York durch die «BiL Management Inc.», in Frankfurt durch die «Bank in Liechtenstein (Frankfurt) GmbH», in London durch die «Liechtenstein UK Ltd». Anfang 1985 hat sie in der Alten Post Vaduz die «BiL Treuhand AG» (BILT) etabliert, die sich zusammen mit den Tochterunternehmen im In- und Ausland vor allem mit der Gründung, Verwaltung und Betreuung von Gesellschaften und Treuhandgeschäften (Trust settlements) beschäftigt. Diese Tätigkeit schliesst die Führung von Buchhaltungen, aber auch das Erstellen von Kontrollstellenberichten und spezifischen betriebswirtschaftlichen Analysen ein. Die BiL hat eine Mitarbeiterbeteiligung eingeführt, indem sie mit einem Startkapital von 500 000 Franken eine BiL-Mitarbeiter-Stiftung gründete. Der Mitarbeiter setzt eigenes Kapital zum Kauf der BiL-Aktien ein, stellt es der BiL-Mitarbeiter-Stiftung zur technischen Abwicklung des

Kaufs zur Verfügung und bekommt als Gegenwert von der Stiftung eine betragsmässig gleich hohe Begünstigungsquote zugesichert. Die BiL geht davon aus, dass ein auf diese Weise gut motiviertes Personal letzten Endes der Kundschaft zugute kommt.

Zum Dienstleistungsbereich, also dem Tertiär-Sektor, gehören aber auch die berüchtigten «Briefkastenfirmen». Wenn hier darüber geschrieben wird, so werden einige Leser aufschreiend fragen «Muss das sein?» und andere werden sagen «Na endlich!» Tatsächlich lag das Problem lange Zeit wie ein dunkler Fleck auf der weissen Weste des Fürstentums. Wenn der Europarat, dem Liechtenstein als Mitglied angehört, im März 1980 festgestellt hatte, dass in diesem Land von nicht einmal 26 000 Einwohnern etwa 40 000 juristische Personen, Anstalten und Gesellschaften, die im Handelsregister eingetragen sind, beherbergt werden, so musste das aufhorchen lassen. Natürlich hatte der niedrige Steuersatz nicht nur emsige Bienen, sondern auch Schmeissfliegen angezogen. Deshalb aber den Steuertarif hinaufzuschrauben, wäre doch wohl verfehlt. Erbprinz Hans Adam hat wiederholt auf die Behauptung, das Fürstentum Liechtenstein sei eine Steueroase, mit Recht geantwortet: «Vielleicht, aber es wäre doch sicher besser, die Wüsten, nicht die Oasen zu zerstören.»

Hingegen hatten auch überalterte Vorschriften und Gesetze dazu beigetragen, dass der Missbrauch florieren konnte, nur hat offenbar damals der Europarat – was man ihm vorwerfen müsste – nicht gewusst, dass das liechtensteinische Parlament sich seit längerer Zeit bereits mit einer Reform beschäftigte. Schon am 6. Mai 1977 war im Landtag eine Interpellation mit der zentralen Frage eingereicht worden: «Was gedenkt die Regierung zu tun, um Missbräuche und Auswüchse im Gesellschaftswesen zu verhindern?» Und am 21. April 1978 verlangte Fürst Franz Josef II. in seiner Thronrede, man müsse dafür sorgen, dass «das Gesellschaftswesen in geordnete Bahnen gelenkt wird». Er verlangte nicht nur Gesetze, sondern auch eine erhöhte Sorgfaltspflicht und gab zu bedenken: «Wenn die Einnahmen aus dem Gesellschaftswesen fehlen würden, so ist auch der allgemeine Lebensstandard bedroht.»

Schon am 15. April 1980, also nur ein Monat nach der Schelte des Europarates, wurde die Gesetzesreform beschlossen, die vor allem erweiterte Kontrollmöglichkeiten beinhaltet. Die Bestimmungen bezüglich der Bilanzvorlagepflicht und der Deklarationspflicht wurden verschärft, und schliesslich wurden von dem in Liechtenstein wohnhaften

91 Mitglied des Verwaltungsrates einer solchen Firma gewisse berufliche

Qualifikationen verlangt. Parallel dazu kam es 1980 zum neuen Währungsabkommen mit der Schweiz. Der gesamte Bereich des Bank-, Währungs- und Gesellschaftswesens ist durch diese Staatsverträge und Gesetze geregelt und konsolidiert worden, was nach Auffassung der Verantwortlichen «die Risiken und Gefahren zumindest in Grenzen halten sollte». Dass die Bankenkommission mit etwas mehr Kompetenzen ausgestattet werden sollte, um sie angesichts der engen Wirtschaftsbeziehungen mit der Schweiz den Kompetenzen der schweizerischen Schwesterorganisation anzupassen, steht auf einem anderen Blatt geschrieben, das vielleicht der im Februar 1986 neugewählte Landtag an die Hand nehmen könnte.

Die liechtensteinische Wirtschaft als Ganzes sieht aber der Zukunft beruhigt entgegen, weiss jedoch, wo die kritischen Punkte liegen. Benno Beck, der Vorstand des Amtes für Volkswirtschaft, erklärte: «Der Anteil der Aussenwirtschaft am Bruttosozialprodukt ist in Liechtenstein extrem hoch. Damit sind wir von der Entwicklung des Weltmarktes in hohem Masse abhängig. Es gilt auch weiterhin, das in der eigenen Kompetenz und im eigenen Vermögen liegende Mögliche zu tun. Die Wirtschaftsstruktur und der damit verbundene hohe Lebensstandard lassen sich nur erhalten, wenn Liechtenstein attraktiver und konkurrenzfähiger Standort bleibt.» Der kürzlich zurückgetretene stellvertretende Regierungschef Hilmar Ospelt, verantwortlich für das Ressort Wirtschaft, stellte fest: «Der Anreiz für unternehmerische Betätigung und wirtschaftliches Tun in Liechtenstein ist trotz des Fehlens staatlicher Förderungen und Hilfestellungen durchaus gegeben.» Dabei erwähnte er nicht nur das günstige Steuerklima, sondern vor allem auch die stabile Rechts-, Wirtschafts- und Sozialordnung, die politische Kontinuität und Neutralität, die liberale Wirtschaftspolitik und Steuergesetzgebung, die konservativ-freiheitliche Einstellung der Regierung und Bevölkerung, die solide Finanzpolitik der öffentlichen Haushalte, das relativ geringe Ausmass staatlicher Bürokratie, die kooperative soziale Partnerschaft, den Leistungswillen und das hohe Ausbildungsniveau der Bevölkerung, die gut ausgebaute Infrastruktur, das leistungsfähige Bankensystem und letztlich als nicht Geringstes die Wirtschafts-, Zoll- und Währungsunion mit der Schweiz.

So also sind nicht nur die Bohrer der Firma Hilti, die Heizkessel von Hoval oder die dünnen Schichten von Balzers «made in Liechtenstein», auch die genannten Standortvorteile sind echt liechtensteinische Produkte.

Der Tourismus:

«Südländisch anmutende Artenfülle...»

«1985 war aus der Sicht des liechtensteinischen Fremdenverkehrs zu-friedenstellend bis gut... Für 1986 besteht die berechtigte Hoffnung, dass das Vorjahresergebnis gehalten werden kann.» Mit dieser beruhi-genden Erklärung hat Fremdenverkehrsdirektor Berthold Konrad rückblickend und ausblickend den von ihm betreuten Sektor analysiert. Wer im Winter das Malbun besucht und kaum Platz findet, um seinen Wagen so hinzustellen, dass er nachher auch wieder wegfahren kann, oder wer sich vom Frühling bis zum Herbst während der «Hochzeit», also etwa zwischen zehn Uhr vormittags und fünf Uhr nachmittags, auf dem Vaduzer Bürgersteig durch die Massen zwängt, wird Berthold Konrad Glauben schenken. Alles scheint in bester Ordnung. Kein Wunder: Für die Deutschen liegt Liechtenstein bereits im Süden und besticht – wie es so schön heisst – durch seine «südländisch anmutende Artenfülle». Für Österreicher ist Liechtenstein bereits attraktiver «wil-der Westen» und für die Schweizer ein «Oststaat». Die Relativität des Standpunktes beeinflusst denn auch das touristische Verhalten.

Der Liechtensteiner Fremdenverkehr ist keine hundert Jahre alt. Als bei der Jahrhundertwende, also im Jahre 1900, die einstige vorarlbergi-sche Organisation in «Verband für Fremdenverkehr in Vorarlberg und Liechtenstein» umgewandelt wurde, hielten sich die meisten Liechten-steiner noch an Friedrich Schiller, der in seinem «Wilhelm Tell» den Bannerherren Werner Freiherr von Attinghausen klagen lässt: «O, un-glücksel'ge Stunde, da das Fremde in diese stillbeglückten Täler kam, der Sitten fromme Unschuld zu zerstören.» So hatten die Mitglieder des neuen Verbandes sich denn verpflichten müssen, «hier im täglichen Verkehr allmählich Vorurteile auszurotten, Gleichgültigkeit zu brechen und Einsicht und Interesse auszusäen».

Als diese Saat ihre ersten Früchte zeitigte, weilte auch der kaiserlich-königliche Oberbibliothekar der Wiener Universität und Fürstlich-Liechtensteinische Bibliothekar Hans Bohatta im Fürstentum. Er pries in einem Aufsatz die wertvollen Schätze «an Möbeln, Waffen und Bildern», die er in der restaurierten Burg Hohen-Liechtenstein kennen-gelernt hatte. Vaduz bildete für ihn «einen angenehmen Ruhepunkt,

Wenn ganze Kolonnen internationaler Autocars das Fürstentum «beglücken», macht das nicht alle Liechtensteiner glücklich. Zugegeben: Man kauft Marken, Karten und Andenken, man verschlingt ein Sandwich oder im Gasthaus ein billiges Essen, aber viele Einheimische werden dabei an Heuschreckenschwärme erinnert. Man hätte lieber Gäste, die verweilen, als die «Fast-Touristen».

um den durch Höhenluft verwöhnten Körper sich langsam an die tieferen Regionen gewöhnen zu lassen, ehe man wieder zur Stadt zurückkehrt.» Trotz seiner Begeisterung hatte er aber eine Kritik anzubringen: «In Vaduz vermisst man nur eines, eine elektrische Trambahn, die die einzelnen Orte verbinden würde. Die Strecke Schaan-Vaduz-Triesen-Balzers, mit einer Abzweigung an den Fuss der Berge, eventuell auch einer zweiten bis zur Rheinbrücke, würde den internen wie den Fremdenverkehr bedeutend erleichtern. Die Anlagekosten dürften nicht zu hoch sein, da besondere Terrainschwierigkeiten nicht im Wege stehen; die vorhandene Wasserkraft würde auch den Betrieb mit verhältnismässig geringem Aufwand sichern.»

Dabei hatte Bohatta damals noch vom Arlberg her direkt mit dem Zug nach Schaan-Vaduz reisen können. Heute hört die Fahrt von Österreich aus in Feldkrich, von der Schweiz aus in Buchs auf. Man muss in das, was man «Pendelzug» nennt, umsteigen, obwohl dieser Zug alles kann, nur nicht pendeln. Man kann die Züge, die an einem der drei völlig unwichtigen Bahnhöfe von Schaan, Nendeln oder Schaanwald anhalten, an den Fingern einer Hand abzählen. Praktischer, besser gesagt: häufiger ist deshalb das Postauto. Die meisten Liechtensteiner fahren aber mit ihrem eigenen Wagen zum Beispiel nach Feldkirch, wenn sie mit dem Zug Richtung Innsbruck reisen wollen, oder nach Buchs oder Sargans, wenn die Fahrt Richtung Zürich gehen soll. Die meisten Auslandstouristen kommen ebenfalls mit eigenen Wagen oder mit Autocars direkt bis ins Zentrum des Ländchens.

Die schlechte Zugsverbindung ist aber nicht unbedingt Liechtenstein anzulasten. 1870 war die Bahnlinie Feldkirch-Buchs von Österreich konzessioniert worden, nachdem es die Verbindung nach Sargans abgelehnt hatte. 1905 wollte dann ein Initiativkomitee «einem vitalen Verkehrsbedürfnis des Landes entsprechend» eine Schmalspurbahn bauen von Ragaz über Maienfeld nach Balzers, Triesen, Vaduz und Schaan, so wie es Bohatta einst vorgeschlagen hatte. Diese Linie hätte also Anschluss gehabt an die Rhätische Bahn der Schweiz und an die österreichische Staatsbahn. Diesmal war es die Schweiz, die Schwierigkeiten machte. Aus Furcht, es könnte den schweizerischen Bundesbahnen ein grosser Verlust erwachsen, lehnten der Kanton St. Gallen und schliesslich auch der schweizerische Bundesrat das Gesuch ab. Oberbibliothekar Bohatta hatte seine Rechnung ohne die Wirte in Wien und Bern gemacht!

Die Zeiten haben sich geändert. Heute werden Kutschenfahrten ins liechtensteinische Ober- und Unterland, ins Vogelparadies Mauren

95

und zur Burgruine Schellenberg angepriesen und sogar – man ist doch nicht nachträgerisch – solche in die Bündner Herrschaft und zum Werdenberger See. Wer es lieber weniger bequem und dafür um so eindrücklicher haben will, dem bietet die prachtvolle Bergwelt des Lawena-, Rappenstein- und Falknisgebietes Gelegenheit zu romantischen Touren. Im Winter lockt das Skiparadies Malbun, umkränzt von Stachlerkopf, Gamsgrat, Sareiserjoch, Augstenberg und Hahnenspiel. Dank des 1947 fertiggestellten Strassentunnels Gnalp/Steg ist die Fahrt in dieses Wintersportzentrum kein Risiko mehr. Auch Triesenberg mit seinem Walsermuseum und die zur Gemeinde gehörige Gaflei und Masescha haben die Herzen zahlreicher Touristen erobert, wogegen im Unterland vor allem Schellenberg sehr gesucht ist, da es dem Gast Ruhe und Erholung garantiert. Nendeln im Unterland bietet eine Besonderheit, indem es als erstes dem modernen Trend zum Wirtschaftstourismus Rechnung trägt. Damit ist allerdings nicht der Tourismus zu den Wirtschaften, sondern der auf die Wirtschaft ausgerichtete Fremdenverkehr gemeint! Die Keramik-Fabrik Schaedler in Nendeln, übrigens seinerzeit der allererste Industriebetrieb Liechtensteins, hat eine «Schautöpferei» eingerichtet, wo der Besucher die Arbeit an der Töpferscheibe miterleben kann, was ihn zweifellos anregen wird, Haushalts- oder Kunstkeramikartikel als bleibende Erinnerung an das kleine Land am jungen Rhein zu erwerben.

Liechtensteins Fremdenverkehr floriert. Die Zahl der Logiernächte hat sich seit 1950 mehr als verfünffacht, indem sie von damals 29 760 auf jetzt 167 856 gestiegen ist. Die etwa 60 Hotels und Gasthöfe bieten 1700 Betten; dazu kommen noch an die 110 Ferienhaushaltungen im Alpengebiet mit rund 300 Betten. Das Hauptkontingent der Gäste stellen die Bundesrepublik Deutschland und die Schweiz, gefolgt von den USA, Grossbritannien, Frankreich, Österreich, Italien und den Niederlanden. 1985 haben zudem viele Asiaten während ihres Europa-Trips Liechtenstein als weiteres Land in ihre «Sammlung» einverleibt. Der Anteil der Amerikaner ist im Wachsen, nicht zuletzt wohl dank des Werbeeffektes, den die Ausstellung der fürstlichen Kunstsammlung im New Yorker Metropolitan Museum hatte.

Der Tourismus – nicht nur in Liechtenstein – hat eine gewisse Wandlung durchgemacht. Während man früher zwei, drei oder gar vier Wochen an einem Ort Ferien machte, kommt man heute eher für ein paar wenige Tage. Die Hektik des Alltags hat auch den Urlaub erfasst! In Liechtenstein ist es vielleicht noch etwas krasser als anderswo. Die schweizerischen Rheintaler kommen im Winter zum Skifahren für einen Tag, die deutschen, italienischen, französischen, belgischen und niederländischen Car-Touristen im Sommer auf der Durchfahrt zum Kartenschreiben für ein paar Stunden oder noch weniger lang ins Land. In bezug auf den Fremdenverkehr muss Liechtenstein dafür besorgt sein, dass es nicht wieder in Verhältnisse zurückfällt, wie sie zur Zeit der Römer Geltung hatten, als die Nord-Süd-Achse die Gegend durchschnitt. Liechtenstein sollte mindestens seine Stellung als Knotenpunkt auf dieser Achse bewahren, festigen und erweitern.

Die Liechtensteiner selbst sind ob des rasanten Betriebes – vor allem in Vaduz – nicht sehr begeistert. Sie hätten lieber einen gehobeneren Fremdenverkehr, Gäste mit kulturellen Ansprüchen und mit dem Wunsch, länger zu bleiben. Die Schwierigkeit, die sich einer solchen Entwicklung entgegenstellt, hatte der bereits erwähnte Wiener Oberbibliothekar Bohatta schon zu Beginn dieses Jahrhunderts vorausgesehen: «Sollte der Verkehr, wie wohl zu erwarten steht, sich erheblich steigern, so wäre der Bau von grossen, dabei aber nicht zu teuren Hotels ins Auge zu fassen, und zwar eines in Vaduz, nahe am Walde gelegen, ein anderes in ähnlicher Lage in Samina. Die bestehenden Gasthäuser hätten nichts zu fürchten, denn mit der vorhandenen Unterkunftsmöglichkeit steigert sich der Fremdenverkehr von selbst.»

So ganz von selbst geht das allerdings nicht. Natürlich ist die Situation nicht mehr wie um die Jahrhundertwende. Bohatta hatte noch von «drei grösseren Gasthöfen» geschrieben, die es in Vaduz gebe, aber heute nennt das Bulletin der Fremdenverkehrszentrale nur für Vaduz 12 Hotels und 11 Restaurants oder Cafés, Schaan hat 6 Hotels und 10 Gaststätten, Balzers 4 Hotels und 6 Gaststätten, um nur die drei grossen Gemeinden an der Durchgangsstrasse zu erwähnen.

Trotzdem ist die Struktur des Fremdenverkehrs nicht besonders erfolgversprechend. Wenn man mit Hoteliers, Gastwirten und Geschäftsleuten spricht, wird immer das Begehren laut, man solle Liechtenstein mehr als bisher als Ferienland propagieren. Wer aber will schon seine Ferien an der stark befahrenen Durchgangsstrasse verbringen? Die jetzigen Hotels und Gasthäuser liegen jedoch in Balzers, Triesen, Vaduz und Schaan an der grossen Transversale, wie es sich eben zu einer Zeit gehört hatte, als man den durchreisenden Fremden beherbergen wollte. Der Feriengast, der vom Stress des Alltages ausspannen will, findet zum Beispiel in Vaduz nur das «Parkhotel Sonnenhof», in dem ihm nicht nur Ruhe, sondern auch jeglicher Komfort geboten wird.

Fremdenverkehrsdirektor Berthold Konrad möchte auch den Kongresstourismus ausbauen, denn Liechtenstein wird mehr und mehr mit

Auch höchste Prominenz hat den Wintersport in Liechtenstein entdeckt. Der britische Thronfolger Prinz Charles und Prinzessin Diana geniessen mit dem Erbprinzenpaar Sonne und Schnee.

Eingekreist von Zweitausendern liegt das Skiparadies Malbun. In Liechtenstein gibt es vieles, aber keine Distanzen. So wird auch das Malbun von der Rheinebene aus in einer Viertelstunde erreicht.

Begeisterung als Tagungsort gewählt. Aber auch darin sind die Grenzen gegenwärtig eng gesetzt. In Vaduz und Umgebung fehlt dazu ein Hotel der gehobenen Kategorie mit mindestens hundert Betten. Sicher gäbe es initiative Kreise, die ein solches Projekt verwirklichen möchten, obwohl die horrenden Grundstückpreise eher abschreckend wirken. Viel hemmender aber stellen sich einer solchen Idee andere Schwierigkeiten entgegen: Das notwendige Personal könnte sicher nicht in Liechtenstein rekrutiert werden; wenn man aber die Zulassungsquote für ausländische Arbeitskräfte erhöhen würde, müsste man mit einer kleineren Revolution rechnen! Ganz abgesehen davon, dass Kongressisten nach langen Sitzungstagen auch Unterhaltung wünschen. Das diesbezügliche Angebot ist in Liechtenstein aber sehr klein, und die rigorose Polizeistunde – von Sonntag bis Freitag um 23 Uhr, am Samstag um Mitternacht – würde in der Bezeichnung von Vaduz als Weltdorf den Nachdruck auf «Dorf» legen.

Die Einstellung der liechtensteinischen Bevölkerung zum Fremdenverkehr ist vielleicht das Hauptproblem. Die Ladengeschäfte, die ausgesprochen vom Tourismus profitieren, sind allesamt auf das Ortszentrum konzentriert. So ist das Bewusstsein für die volkswirtschaftliche Bedeutung dieses Bereiches im Volk nicht verankert. Ohne mindestens moralische Unterstützung der breiten Öffentlichkeit ist die Änderung nicht zu realisieren.

Der Zwiespalt des Interesses wird an einem Beispiel besonders augenfällig. Die gleichen Leute, die den Kulturtourismus gefördert sehen möchten, haben den Bau des Kunsthauses bisher verhindert. So sind die wertvollen Kunstschätze aus der fürstlichen Sammlung in New York oder bald in Berlin und Japan, nicht aber in Liechtenstein zu sehen, weil man ihnen hier bislang keine angemessene Behausung gewährleistet. Gerade ein Kunsthaus, in dem abwechslungsweise der Kunstbesitz des Fürsten einem breiten Publikum zugänglich gemacht werden könnte, würde jenen Fremdenverkehr anziehen, den man so sehr wünscht.

Berthold Konrad hofft auf eine «neue touristische Generation», um damit die Bedeutung des Fremdenverkehrs für die liechtensteinische Volkswirtschaft zu heben. Heute sind ohne Berücksichtigung der Grundstücke rund 55 Millionen Schweizer Franken in den etwa 120 Gastgewerbebetrieben investiert. Der Umsatz der Hotellerie wird auf 30 Millionen geschätzt, wozu nochmals etwa 30 Millionen kommen, die andere am Fremdenverkehr, vor allem am Tagesausflug, partizipierende Geschäfte wie Restaurants, Cafés, Souvenirläden und Kioske erzielen. Im Gastgewerbe und im Verkehr sind heute tausend Personen beschäftigt, also 8,5 Prozent der erwerbstätigen Bevölkerung. Für das Gastgewerbe allein beziffert sich diese Zahl auf 5 Prozent. Gemessen an der Industrie, deren Export wertmässig die Grenze von einer Milliarde Schweizer Franken überschritten hat, ist der Fremdenverkehr in Liechtenstein ein Zwerg. Berthold Konrad ist aber optimistisch: «Liechtenstein war nie ein klassisches Fremdenverkehrsland. Dank der politischen Eigenart des Landes und der natürlichen Schönheiten wird der Fremdenverkehr aber weiterhin ein wichtiger Faktor in der liechtensteinischen Wirtschaft bilden.» Berthold Konrad hat allen Grund zum Optimismus, denn trotz der erwähnten Einwände und Kritiken kann sich der liechtensteinische Fremdenverkehr sehen lassen.

So klein Liechtenstein ist, so hat es doch viel zu bieten. Vielleicht denkt der ausländische Gast zunächst an Schlösser und Paläste. Er täuscht sich. Paläste gibt es keine, und das eigentliche Schloss, die Residenz des Fürsten, ein Bau aus dem 14. Jahrhundert, ist, wie bereits gesagt, nicht zu besichtigen. Aber für zahlreiche Touristen ist es trotzdem ein besonderer Anziehungspunkt. Ein neugieriger Blick durch das Gittertor, das geduldige Hoffen, vielleicht doch eine durchlauchte Persönlichkeit zu Gesicht zu bekommen – etwa die Fürstin am Steuer ihres Kleinwagens oder den Erbprinzen, in Blue jeans gekleidet, beim Ballspiel mit seinen Kindern oder gar den Fürsten bei der Rückkehr vom Waldspaziergang – das alles sind Erlebnisse, über die sich nachher zu Hause lang und breit erzählen lässt. – Das Schloss Gutenberg ob Balzers ist vorläufig ebenfalls nicht öffentlich zugänglich. 1979 ist es durch das Land Liechtenstein einer liechtensteinischen Privatperson abgekauft worden und wird vermutlich bald einmal nach der nötigen baulichen Veränderung eine offizielle Funktion erhalten. – Die Ruine «Obere Burg Schellenberg» ist 1956 von Fürst Franz Josef II. dem Historischen Verein geschenkt worden, der sie vor nun 25 Jahren ausgraben und konservieren liess. – Die Ruine Schalun, die man auch «Wildschloss» nennt, ist im Besitz der Gemeinde Vaduz und wurde vor kurzem renoviert. Der Wildschloss-Weiher ist seit einigen Jahren eine ergiebige Forellenzucht, vom Textilindustriellen Spoerry mit Liebe und Hingabe gepflegt. Das touristische Angebot für Sport und Erholung reicht natürlich vom Minigolf bis zum Bergsteigen, vom Bogenschiessen bis zur Gesundheitsgymnastik, vom Tennis bis zum Kegeln. Wandern wird allerdings ganz besonders gross geschrieben, ob es sich nun um Exkursionen im Talgebiet, also auf der Rheintalseite, oder aber um Bergwanderungen oder um einen Ausflug über den «historischen Höhenweg Eschnerberg» handelt, der besonders viel Abwechslung bietet. Der Eschnerberg war einst so etwas wie ein «Inselberg», der aus der Sumpflandschaft des Rheintales herausragte. Deshalb gab er vor vielen tausend Jahren den ersten Besiedlern günstige Wohnplätze, und dem heutigen Wanderer wird ein attraktives Bild der wechselvollen Geschichte der Menschen, die in dieser Gegend gelebt haben, vermittelt. Das eigentliche Wintersportgebiet liegt im Malbun und bei Steg, wo sieben Sessellifte in Betrieb und Loipen von 2,5 bis 7,5 Kilometer Länge ausgesteckt sind.

Man kann aber nicht vom liechtensteinischen Fremdenverkehr und seinen Attraktionen sprechen, ohne das gastronomische Angebot zu erwähnen. Wo auf der Welt gibt es eine kleine Ortschaft von nicht einmal 5000 Einwohnern, die gleich zwei Etablissements im internationalen Hotel- und Restaurant-Führer «Relais et Châteaux» aufzuführen vermag? Vaduz hat es geschafft, und zwar mit dem Hotel-Restaurant Real im Städtle, direkt unterhalb des Fürstenschlosses, und mit dem Parkhotel Sonnenhof. Im Restaurant Real «regiert» Felix Real, der im Pariser «Maxim's» seine Sporen abverdient hatte, der mit seinem Bruder Emil das Jahrhundertfest des Schahs von Persien in Persepolis massgebend mitgestaltet hat und der jetzt bereits von seinem Sohn Martin assistiert wird. Im «Sonnenhof», wo alle internationalen Persönlichkeiten absteigen, die Liechtenstein besuchen, sorgt Emil Real für Haus und Küche. – Im «Waldhof» von Schaanwald, direkt an der österreichischen Grenze, hat ein ehemaliger Adept von Real den Beweis erbracht, dass gute Meister auch gute Schüler haben. – Im fürstlichen Weingarten hat sich der «Torkel», der zur Hofkellerei gehört, in letzter Zeit zu einem weiteren Spitzenrestaurant entwickelt, wobei die alte Weinpresse im Innern sowie der bezaubernde Blick vom Garten aus auf das Schloss und das Rheintal gleichermassen die Stimmung zu heben vermögen. – Wenn man aber anfängt, Namen zu nennen, gerät man in Verlegenheit. Warum soll man ausgerechnet beim «Torkel» aufhören? Warum nicht auch von den gut-bürgerlichen Häusern wie «Adler» und «Löwen» sprechen, von der «Linde» in Schaan oder von der urchigen «Linde» in Triesen?

Bei der Luzia in der Triesener «Linde», aber auch anderswo, bekommt man noch echte liechtensteinische Nationalgerichte. Vor allem die «Käsknöpfle». Das allertypischste Gericht aber, der «Törkarebl», wird praktisch in keinem Gasthaus mehr serviert. Er ist die Exklusivität der Hausköchinnen: Maismehl wird mit Milch, Wasser und Salz zu einer festen Masse gekocht und mit Milchkaffee auf den Tisch gebracht. Der

Vater und Sohn, Felix und Martin Real, am Herd des renommierten «Restaurant Real». Vor 65 Jahren von Mutter Real als einfache Gaststätte gegründet, ist es heute ein gastronomisches Mekka.

Im «Herrenwingert» steht der «Torkel», das Restaurant der Fürstlichen Hofkellerei. Die alte Weinpresse symbolisiert Tradition, Vier-Stern-Küchenchef Rolf Berger ist zukunftsorientiert.

«Törkarebl» geht wie auch die «Kratzete» auf altösterreichische Einflüsse zurück. Maismehl oder Türkenmehl erinnert schon im Namen an die einstigen Belagerer Wiens, und das, was man in Liechtenstein «Kratzete» nennt, heisst in Wien «Kaiserschmarrn» – auf der französischen Speisekarte bei Real ist es als «Emincé de crêpes» vermerkt!
Keine Angst: Nur der «Törkarebl» wird mit Milchkaffee genossen. Sonst aber hat man andere Getränke zur Hand. Es gibt viele gute einheimische Weine, wobei der Präsident des «Internationalen Liechtensteiner Presse-Clubs», der Journalist Walter B. Wohlwend, einmal darauf aufmerksam machte, dass man die Liechtensteiner Weine mit Liechtensteiner Frauen vergleichen könne: Nicht alle sind im Lande selbst geboren und aufgewachsen! Damit spielte er auf die eingeheirateten Frauen und auf die Weine der Hofkellerei an, die aus dem österreichischen Weingut stammen. Der Wilfersdorfer zum Beispiel aus dem fürstlichen Weinbau im niederösterreichischen Wilfersdorf. Der Vaduzer Beerli und der Vaduzer Süssdruck aber sind echte Liechtensteiner aus dem grössten zusammenhängenden Rebareal, dem fürstlichen Weinberg in Vaduz. Der Blauburgunder ist die Hauptsorte, doch wird auch die Riesling×Silvaner-Rebe kultiviert.
Wein wächst nur, wo die Natur entgegenkommend ist. Die Natur mit ihrer «südländisch anmutenden Artenfülle» lässt im Fürstentum Liechtenstein den Wein und den Tourismus gedeihen. Allerdings geht diese «südländische Artenfülle» auf den ältesten Liechtensteiner zurück, auf den Föhn. Eine Tafel am Waldlehrweg von Schaanwald belehrt: «Föhn, der warme, trockene Fallwind, wird durch atmosphärischen Unterdruck, vor allem in den nördlichen Alpentälern, aus dem Süden angezogen und erwärmt sich im Fallen. Der Föhneinfluss bewirkt die südländisch anmutende Artenfülle der Vegetation. Er ermöglicht unter anderem auch den Weinbau in Liechtenstein.»

Die Kultur:

Versteckte Schätze – geschätzte Werte

In Liechtenstein haben sich zwei Kulturen überlagert, dann gegenseitig ergänzt und sind schliesslich heute bis zu einem gewissen Grad verschmolzen. Gemeint ist einerseits die kulturelle Entwicklung des Landes selbst, die jedoch nicht eine ausgesprochen landeseigene, das heisst von jener der Nachbarschaft wesentlich abweichende war, und anderseits die kulturelle Bereicherung durch die Impulse, die die Fürsten von Liechtenstein von der Donaumetropole aus gegeben hatten. «Kultur lässt sich», wie André Malraux sagte, «nicht vererben, sie lässt sich erobern.»

Die kulturellen Schätze des Landes gleichen versteckten Ostereiern: Man muss sich anstrengen, um sie zu finden; wenn man sie aber gefunden hat, ist die Freude um so grösser. So wird der Besucher, der achtlos durch Vaduz schlendert, eine Bank, zwei Hotels, das neu restaurierte Rathaus, eine Bank, Souvenirgeschäfte, ein Restaurant, ein Spezereigeschäft, die Post, eine Bank, das Regierungsgebäude und die Kirche wahrnehmen. Vielleicht bleibt er ein paar Augenblicke vor dem Regierungsgebäude stehen, weil es seit der Renovation in neuer Pracht erstrahlt, und vielleicht schaut er sogar die neugotische Kirche etwas länger an, aber in übertriebenes Entzücken wird er nicht ausbrechen. Wenn er sich jedoch im Innern umsähe, würde er auf Schätze aus der alten, auf das 14. Jahrhundert zurückgehenden St.-Florins-Kapelle stossen, die 1872 abgebrochen worden ist. So ruht beim Haupteingang das Büstenreliquiar des Heiligen Florinus (1520) und unter dem neuen Altar ein Grabchristus aus Kärnten (1460). Neben der Kirche befindet sich übrigens, was ebenfalls von den meisten Touristen übersehen wird, die Fürstengruft, die 1958 errichtet wurde, und daneben in der Parkanlage das zur gleichen Zeit vom Künstler Georg Malin geschaffene Denkmal für den Fürsten Johann II., geboren 1840, gestorben 1929, der 71 Jahre Landesfürst war und den man «den Guten» nannte.

Die Pfarrkirche von Schaan ist auch neueren Datums, enthält aber ehemalige Ausstattungsstücke aus der alten St.-Laurentius-Kirche: eine Kreuzigungsgruppe aus dem späten 17. Jahrhundert, vier Barockfiguren (gegen 1700) von Altären der alten Kirche sowie Monstranzen,

Die Kapelle «Maria zum Trost» steht schützend über dem Rheintal auf der Anhöhe oberhalb der Gemeide Schaan. Im 18. Jh. war sie anstelle der «uhralten Capell Maria zue Trost auf Dux» gebaut worden. Das Gnadenbild geht auf die Mitte des 18. Jh. zurück. Eine prächtige Kassettendecke mit Ornamenten im Régence-Stil überspannt den Kapellraum.

Ziborien und Kelche. Ein vergoldetes gotisches Vortragekreuz, um 1400, ist als Leihgabe im Liechtensteinischen Landesmuseum, eine vergoldete Monstranz, um 1450, im Vorarlberger Landesmuseum in Bregenz; ein Altarkreuz, sehr schöne Arbeit aus Limoges aus der zweiten Hälfte des 13. Jahrhunderts, und ein Palmesel, um 1550, befinden sich im Schweizerischen Landesmuseum in Zürich.

Oberhalb von Schaan thront die kleine Kapelle St. Maria zum Trost schützend über dem Land. Sie ist 1716 neu gebaut worden, und Papst Johannes Paul II. empfing auf dem vorgelagerten Terrain 1985 die liechtensteinische Jugend. Ganz besonders sehenswert sind die reichdekorierte Brüstung der Empore mit Bildern vom Feldkircher Maler Joseph Walser (1746), die zierliche Kassettendecke mit Régence-Ornamentik und natürlich das Gnadenbild (um 1740), umgeben von dreifachem Wolkenkranz.

In der Pfarrkirche Balzers, die aus Anlass des fünfzigjährigen Regierungsantritts von Fürst Johann dem Guten gebaut worden ist, kann man das prächtige gotische Schnitzwerk Anna selbdritt (um 1520) bewundern, das aus Süddeutschland stammt, aber lange Zeit auf Schloss Gutenberg aufgestellt war. Ausserhalb von Balzers lohnt sich der Besuch von zwei kleinen Kapellen: Die Kapelle St. Peter in Mäls geht in ihrem Ursprung auf den Anfang des 14. Jahrhunderts zurück und gibt einem wunderschönen kleinen spätgotischen Flügelaltar aus dem Jahre 1516 Obdach; in der Ebene Richtung Sargans steht ebenfalls in Mäls die Kapelle Maria Hilf, die zum Andenken an das Gefecht vom Jahre 1289 zwischen dem Bischof von Chur, Friedrich von Montfort, und dem Grafen Hugo von Werdenberg erbaut worden sein soll.

Die Galluskirche von Triesen aus der Mitte des vorigen Jahrhunderts weist als Kleinod einen alten Taufstein aus dem Jahre 1678 auf, der in Balzner Marmor gehauen ist. Die Marienfigur und die Gallusstatue, beide aus dem Jahre 1455, stammen wie viele Kultgegenstände aus der alten, 1834 abgebrochenen Kirche. Die kleine, idyllische Kapelle St. Mamerten, vielleicht einst die erste Pfarrkirche von Triesen, dürfte vor dem Jahre 1000 entstanden sein, doch kam der Turm erst im 15. Jahrhundert dazu.

Die Kapelle St. Maria auf Masescha ist vermutlich kurz nach der Niederlassung der Walser am Triesenberg, also um 1300, errichtet worden. Der Altar, der Maria mit Sebastian und Rochus zeigt, geht auf 1620, jener mit der büssenden Maria Magdalena auf 1650 zurück. Bei der Pfarrkirche von Triesenberg, zu dessen Gemeindebesitz Masescha gehört, befindet sich das Heimatmuseum. Schon das Haus ist eine

Sehenswürdigkeit, ein typisches altes Walserhaus, und darin eine Sammlung von Möbeln, Gebrauchsgegenständen, Werkzeugen und Volkskunst der Gründer von Triesenberg, eben der Walser.

Die neue Kirche von Mauren, nach Plänen des Fürstlichen Bauinspektors Laurenz Vogel 1827 gebaut, hat ein altes spätgotisches Vesperbild aus Holz, eine Pietà, aufgenommen, das etwa um 1480 geschaffen worden ist. Es ist dies ein qualitativ besonders hochstehendes Holzbildwerk, von dem man annimmt, dass es auf eine Werkstatt am Bodensee zurückgeht.

Vor der Kirche von Bendern hatten die schellenbergischen Untertanen 1699 erstmals dem neuen Landesfürsten Hans Adam Andreas von Liechtenstein Treue gelobt. Die Kirche geht auf die Mitte des ersten Jahrtausends zurück, erlebte aber im Laufe der Zeit viele Umgestaltungen und Erweiterungen. Liturgiegeschichtlich besonders interessant und wertvoll ist das «Hungertuch» (Fastenvelum), das in der Fastenzeit hinter dem Chorbogen herabhing und den Hochaltar den Blicken der Gemeinde entzog. Erwin Poeschel beschreibt es im Buch «Kunstdenkmäler des Fürstentums Liechtenstein» (1950 herausgegeben von der «Gesellschaft für Schweizerische Kunstgeschichte») wie folgt: «Die 4,70 Meter hohe und 6,30 Meter breite Leinwand ist in wasserlöslicher Farbe ohne Grundierung mit vier Reihen von je sechs Bildern bemalt. Die einzelnen Szenen sind durch Säulen voneinander getrennt und am unteren Rand durch Inschriften und Hinweise auf die biblischen Textstellen erläutert. In der ersten Reihe werden Szenen aus dem Alten Testament behandelt: 1. Erschaffung der Eva, 2. Sintflut, 3. Opferung Isaaks, 4. Mannaregen, 5. Gesetzgebung auf dem Berg Sinai, 6. Erhöhung der ehernen Schlange. Die Auswahl der Themen ist im Sinne einer Symbolisierung der Erbsünde, der Erfüllung des Gesetzes und der Erlösung durch den Opfertod Christi getroffen. In den andern drei Streifen sind dann die Heilstatsachen des Neuen Testaments geschildert (von der Verkündigung an Maria bis zum Jüngsten Gericht). Auf dem Pfingstbild steht das Datum 1612 und das aus den Buchstaben I C G gebildete Monogramm des Malers.» Heute befindet sich das Hungertuch im Liechtensteinischen Landesmuseum, nachdem es 1971 durch Maria Déed vom Österreichischen Denkmalamt in Wien restauriert worden ist.

Nochmals zurück nach Vaduz, nämlich zu zwei Häusern, die direkt oder indirekt mit dem grossen liechtensteinischen Komponisten Josef Rheinberger zu tun haben. Nördlich der Pfarrkirche, zwischen Kirche und Regierungsgebäude, befindet sich das Geburtshaus aus der Mitte

Vorhergehende Doppelseite: Das Rote Haus im Oberdorf von Vaduz gehört zu den ältesten Bauten. Es steht stolz über dem Weinberg, dem sogenannten «Abtswingert», dessen Bezeichnung auf den Klosterbesitz im 16. Jahrhundert hinweist. 1807 ging das Anwesen an Johann Rheinberger über. Egon Rheinberger fügte 1910 dem Haus den markanten Turm an. Heute noch ist es im Besitz der Familie Rheinberger.

des 16. Jahrhunderts, in dem er 1839 zur Welt gekommen ist. 1967 ist das Haus restauriert und vom Land zur Liechtensteinischen Musikschule umgebaut worden. Anderseits ist das markanteste Gebäude im Oberdorf, das «Rote Haus», heute noch im Besitz der Familie Rheinberger. Dieses Anwesen geht laut Erwin Poeschel auf einen Besitz der Vaistli von Nüziders zurück, eines werdenbergischen Dienstmannengeschlechtes. Von einem Erben der Vaistli wurde es 1525 vom Kloster St. Johann im Thurtal erworben, wovon der dazugehörige Wingert noch die Bezeichnung «Abtswingert» behalten hat. Nach der Aufhebung des Stiftes St. Gallen, dem St. Johann inkorporiert war, verkaufte der Kanton St. Gallen 1807 die Besitzung an Johann Rheinberger. In der Grundanlage dürfte das Haus (ohne den Turm) auf die Zeit des Besitzüberganges an das Kloster St. Johann zurückgehen. Unter Egon Rheinberger erfuhr es wesentliche Umbauten. Aus dieser Zeit stammt auch der angefügte Turm.

Josef Rheinberger, 1839 in Vaduz geboren, war ein Vertreter der Münchner Schule. Seine Orgelwerke, vor allem die Präludien und Fugen, sind weltbekannt. Schon als Siebenjähriger hatte er das Amt eines Organisten in der nahen Vaduzer Pfarrkirche übernommen und spielte somit auf jener Orgel, die sein Vater, der Fürstliche Rentmeister Johann Peter Rheinberger, in Dankbarkeit an die gute Geburt des Sohnes Josef der Kirche gestiftet hatte. Aber im Alter von zwölf Jahren übersiedelte der junge Künstler nach München, und ein Jahr später war er bereits Vizeorganist an der St.-Michaels-Hof-Kirche. Als Lehrer trug er dann wesentlich zum Ruhm Münchens als Musikstadt bei, und grosse Künstler wie Engelbert Humperdinck, Ermanno Wolf-Ferrari und Wilhelm Furtwängler gehörten zu seinen Schülern, aber auch der Hobby-Musiker Max Planck, der grosse Physiker. Zum sechzigsten Geburtstag ernannte die Universität München Josef Rheinberger zum Ehrendoktor. Er starb 1901 und wurde neben seiner Frau, der Dichterin Fanny von Hofnaass, auf dem Münchner Friedhof beigesetzt, von wo beide nach dem Zweiten Weltkrieg auf den Gottesacker von Vaduz überführt wurden.

Einer, der seither das Erbe Rheinbergers besonders hochgehalten hat, konnte Ende letzten Jahres seinen 75. Geburtstag feiern: der Fürstliche Musikdirektor Walter Kaufmann. In der langen Karriere von fast dreissig Jahren als Bundeschorleiter des Fürstlich Liechtensteinischen Sängerbundes brachte er immer wieder Rheinbergers Werke zur Aufführung. Noch während des Krieges hatte er das Josef-Rheinberger-Archiv gegründet.

Rheinberger – das ist klassische Kunst. Eine andere, aber nicht mindere Kategorie wird in Liechtenstein ausserordentlich intensiv gepflegt, die Volksmusik, auch wenn – leider – die Musikanten nicht mehr oder nur noch selten in den alten Trachten auftreten. Als das Landesmuseum zum Abschluss des «Europäischen Jahrs der Musik 1985» eine Sonderausstellung von alten Musikinstrumenten präsentierte und die «Tresner Huusmosig» mit zwei Violinen, Klarinette und Fagott Volksmusikweisen von Fidel Nägele und Florian Kindle zum Besten gab, konnte man die Zusammenhänge erkennen: neben dem Barocktraverso von 1780 die Piccolo-Flöte von 1920 bis hin zum Stehflügel von Josef Gabriel Rheinberger.

Kultur ins Volk zu tragen hat sich Alois Büchel mit dem «TaK», dem «Theater am Kirchplatz» in Schaan, in den Kopf gesetzt, und dies mit Erfolg. 1972 hatte der Zürcher Architekt Ernst Gisel den Umbau des alten Vereinshauses zum modernen Kleintheater, eben dem «TaK», beendet, das seither seine grossen Variationsmöglichkeiten reichlich ausgeschöpft hat. Alois Büchel hat sich in der Programmgestaltung einem doppelten Ziel verschrieben: Vermittlung eigener Kulturwerte an die einheimische Bevölkerung und an die Gäste aus der näheren und weiterer Nachbarschaft, Vermittlung aber auch von internationalen Werten an die kulturell interessierten Kreise des kleinen Landes. Es ist zweifellos keine leichte Aufgabe, den Rahmen der engen Grenzen, auch jenen des Denkens, zu sprengen, ohne gleichzeitig anzuecken. Alois Büchel hat das bisher geschafft, Vorwürfe und Absagen in Kauf genommen, ohne aber eine eigentliche Ablehnung heraufzubeschwören. Diesen Bärendienst hat er der Sache glücklicherweise nie geleistet, denn ihm liegt daran, Kultur zu verbreiten, klassische und moderne, anerkannte und teilweise umstrittene.

Diese Aufgabe ist um so wichtiger, als die Institutionen, die sich sonst noch im Land darum kümmern, zwar voll guten Willens, aber weitgehend ohne die notwendigen Mittel sind. Allein schon die Massenmedien – der Ausdruck ist allerdings angesichts der Kleinheit des Landes eine Übertreibung – haben hier nicht die Wirkung, die sie in anderen

Ländern erzielen. Es gibt zwei Tageszeitungen, was bei einer Gesamteinwohnerschaft von rund 27 000 eine grosse Leistung darstellt. Beide sind aber Parteiblätter, die also aus ihrer Zielsetzung heraus jedes Ereignis durch die rote oder die schwarze Brille sehen und bewerten. Radio und Fernsehen gibt es – noch – nicht. Die Nachbarsender in Österreich und der Schweiz berichten natürlich über liechtensteinische Belange nur aus internationaler Sicht und lassen zum Beispiel lokale kulturelle Ereignisse unter den Tisch fallen, soweit sie nicht in irgendeiner Beziehung zum betreffenden Land stehen.

Vielleicht könnte allerdings in nicht zu ferner Zukunft «Radio Liechtenstein» wieder erwachen. Das ist kein Schreibfehler, denn in Wirklichkeit gab es schon einmal «Radio Liechtenstein», das nicht einmal gestorben, sondern eben nur eingeschlafen ist. Im September 1937 hatte nämlich eine Gruppe mit englischem Kapital die Lizenz erhalten und konnte etwa ein Jahr vor Kriegsbeginn die Sendungen aufnehmen. Doch da war die liechtensteinisch/österreichische Grenze zur liechtensteinisch/deutschen geworden, und nachdem Berlin eine unmissverständliche Warnung ausgesprochen hatte, liess die liechtensteinische Regierung den Sender verstummen. Die «Liechtensteinische Rundspruch AG» ist aber weiterhin im Handelsregister eingetragen...

Damals sendete «Radio Liechtenstein» auf der Frequenz von 209,9 Metern. Heute verfügt Liechtenstein rechtlich immer noch über eine – allerdings nicht benutzte – Mittelwellenfrequenz, die ihm 1975 durch die Funkverwaltungskonferenz der Internationalen Fernmelde-Union zugesprochen wurde. Die Langwellenfrequenz hat es leider verpasst, aber eine Kurzwelle könnte ihm noch zugeteilt werden, und zudem ist es im Frequenzplan des Satellitenfunks aufgeführt. Der Zwischenbericht der liechtensteinischen Medienkommission ist jedoch zur Überzeugung gelangt, dass sich für die Lokalversorgung nur UKW-Sender eignen und dass wegen der topographischen Situation für Liechtenstein zwei solche Sender nötig seien, einer in Steg, also zwischen Triesenberg und Malbun, der andere auf dem Buchserberg – also im schweizerischen Ausland! Ein Ausweichen auf Sender im Inland würde bewirken, dass man nebst demjenigen von Steg zwei Sender im Talgebiet etablieren müsste und damit erst noch einen weniger guten Versorgungseffekt erreichen würde als vom Buchserberg her. Auf jeden Fall ist das ausländische Interesse an der Realisierung von «Radio Liechtenstein», das vor einigen Jahren noch sehr gross war, in letzter Zeit gewaltig geschwunden. Erstens einmal, weil man die Zukunft von Kabel- und Satelliten-Fernsehen noch nicht überblicken kann, und

1911 begann Liechtenstein mit der Herausgabe eigener Marken, und seither sind seine Postwertzeichen einmalige Sammelobjekte geworden. (Oben: nach Gemälden von Quentin Massys, Peter Paul Rubens und Raffael aus der Fürstlichen Sammlung; Mitte: Marke zum 80. Geburtstag des Landesfürsten; unten: drei Sujets nach Entwürfen des Künstlers Georg Malin)

zweitens, weil die Zulassung ausländischen Personals in Liechtenstein unter den gegenwärtigen Verhältnissen auf grösste Schwierigkeiten stossen würde. Niemand bildet sich aber ein, «Radio Liechtenstein» könnte ausschliesslich mit einheimischen Kräften zu einem konkurrenzfähigen Programm kommen. Schliesslich fallen noch finanzielle Überlegungen ins Gewicht: Würde das Werbeaufkommen des kleinen Landes genügen, so ein Unternehmen gewinnbringend zu führen?

Die Hauptlast der Kultur- und Kunsterziehung bleibt also bei der Schule. Adulf Peter Goop nannte in seinem Buch «Liechtenstein – gestern und heute», die Kultur «die Pflege der Weite des Herzens und des Gemütes». Sie werde heute aktiviert, betont er, während sie früher eher «Stiefkind des zwar sanges- und theaterfreudigen liechtensteinischen Volkes, das allzusehr in wirtschaftlichen Sorgen und Nöten verhaftet war», gewesen sei. Damals aber war Kultur als Begriff noch etwas anderes. «Herders Conversations-Lexikon» von 1857 umschreibt «Cultur» als «Bau, Anbau oder das Urbarmachen der Ländereien, auch der Anbau und die Behandlung der Pflanzen selbst», «Cultur in Beziehung auf den gesellschaftlichen Zustand» war damals schlicht und einfach «die höhere Ausbildung».

Das Schulwesen hat sich in den letzten Jahren ausserordentlich entwikkelt, vor allem seit der Landtag 1971 das neue Schulgesetz und 1972 eine zeitgemässe Stipendienordnung verabschiedet hat. Von den Kindergärten über die Volksschulen verfügt das Fürstentum bis zum Gymnasium, dem Abendtechnikum und der Musikschule über die wichtigsten Ebenen der schulischen Ausbildung, aber auch der beruflichen Aus- und Weiterbildung und der Erwachsenenbildung. Das ist ein riesiger Schritt voran, denn hier kann und muss auch vermittelt werden, was den Liechtensteinern die Grundlage bietet zur angemessenen Karriere und was ihnen den Sinn für den Reichtum der Heimat verleiht. Das Handicap, für ein höheres Studium ins Ausland gehen zu müssen, wird immer bleiben; um so wichtiger ist die innere Verbundenheit mit dem Land. Dazu gehört auch die Teilnahme am kulturellen Leben der Gemeinschaft – ein Recht, das im Artikel 27 der Konvention des Europarates zum Schutz der Menschenrechte und Grundfreiheiten vom 4. November 1950 ausdrücklich verbrieft worden ist.

Auch wenn kaum jemand in Liechtenstein diesen Artikel gelesen hat, so lebt ihm doch jedermann nach. Dabei ist nicht zu übersehen, dass jeder Liechtensteiner tagtäglich mit Kunstwerken zu tun hat. Niemand wird doch wohl bestreiten wollen, dass die liechtensteinischen Briefmarken Kunstwerke seien! Dass sie das geworden sind, geht auf das

Jahr 1911 zurück, als Österreich dem Fürstentum die Herausgabe von Wertzeichen zu 5, 10 und 25 Heller gestattete. Sie zeigten das Portrait des Fürsten Johann II. Als sich Liechtenstein nach dem Ersten Weltkrieg an die Schweiz anlehnte, wurde diese Tradition fortgesetzt und ausgeweitet. Die Motive wurden fast immer aus dem liechtensteinischen Lebenskreis genommen: Fürstenfamilie, Religion, Geschichte, Landschaft, Natur, Arbeit. Prominente Künstler aus Liechtenstein, Österreich und der Schweiz haben diese Miniaturen gestaltet. Der Schweizer Hans Erni zum Beispiel hat 1969 die Jubiläumsmarke «250 Jahre Liechtenstein» entworfen. Gedruckt werden die von Philatelisten in aller Welt begehrten Kleinode bei Courvoisier SA, La Chaux-de-Fonds (Schweiz), in der Österreichischen Staatsdruckerei, Wien, und der Wertzeichendruckerei PTT, Bern. Im Postmuseum in Vaduz, das 1930 gegründet wurde, wird dem Interessenten eine umfassende Übersicht über die liechtensteinische Philatelie gegeben, von Originalentwürfen über Druckproben und Ausgabebogen bis zu den einzelnen Wertzeichen. Die Ausstellung umfasst sämtliche liechtensteinischen Briefmarken von 1912 bis heute.

Das Landesmuseum, ebenfalls an der Vaduzer Hauptstrasse, ist 1954 eröffnet worden und hat sich zur Aufgabe gemacht, die verschiedenen Anstrengungen zur Sammlung, Pflege und Erforschung der Kunst- und Kulturgüter auf Landesebene zusammenzufassen. Nachdem es während Jahren vom Historischen Verein betreut worden war, ist es seit 1972 eine Stiftung des öffentlichen Rechts. Seine Sammlungen umfassen Geologie und Kartographie, Prähistorie, Volkskunde, Militaria, Kunstgeschichte, Münzen, Siegel und Medaillen, alte Stiche, Karten, Bücher, Bilder und Photographien. Das Landesmuseum ist in einem ursprünglich spätgotischen Haus von 1500 untergebracht, das mit der alten Landvogtei zusammengebaut ist. Längere Zeit war es früher Gasthaus, und hier hatte Johann Wolfgang von Goethe 1788 die Nacht vom 1. auf den 2. Juni verbracht, als er von seiner italienischen Reise zurückkehrte. Ob er wohl damals zu seiner «Novelle», die er 1826 schrieb, inspiriert worden ist? Es gibt Fachleute, die das annehmen, was nicht sonderlich verwundert. «Ein dichter Herbstnebel verhüllte noch in der Frühe die weiten Räume des fürstlichen Schlosshofes, als man schon mehr oder weniger durch den sich lichtenden Schleier die ganze Jägerei zu Pferde und zu Fuss durch einander bewegt sah.» Mit diesen Worten beginnt die namenlose «Novelle», und etwas später heisst es: «Die Fürstin, die ihrem Gemahl noch in den Schlosshof hinab mit dem Schnupftuch nachgewinkt hatte, begab sich in die hinte-

ren Zimmer, welche nach dem Gebirge eine freie Aussicht liessen, die um desto schöner war, als das Schloss selbst von dem Fusse herauf in einiger Höhe stand und so vor- als hinterwärts mannigfaltige bedeuten-de Ansichten gewährte.» Und den Fürsten lässt Goethe sagen: «Hier, wo man, den Hohlweg durch die äussern Ringmauern heraufkom-mend, vor die eigentliche Burg gelangt, steigt uns ein Felsen entgegen von den festesten des ganzen Gebirgs; hierauf nun steht gemauert ein Thurm, doch niemand wüsste zu sagen, wo die Natur aufhört, Kunst und Handwerk aber anfangen.»

Kunst und Natur finden auch im «Engländerbau», wo die liechtenstei-nischen Kunstsammlungen ausgestellt sind, zu einer Einheit zusam-men. Die staatliche Kunstsammlung war 1968 als Stiftung gegründet worden, zu der die Bilder der holländischen, flämischen und engli-schen Schule, welche Maurice Graf von Bendern ein Jahr zuvor aus Anlass der Vermählung von Erbprinz Hans Adam mit Marie Aglae Gräfin Kinsky dem Staat Liechtenstein geschenkt hatte, den Grund-stock bilden. Auch wenn die fürstliche Sammlung nur sporadisch und nur in kleinen Dosen zu besichtigen ist, lohnt sich der Weg ins Kunst-museum immer, weil dort regelmässig sehenswerte Wechselausstellun-gen gezeigt werden:

- die umfassende Werkschau des Liechtensteiner Künstlers Ferdinand Nigg, der mit Aquarell, Farbstift, Graphit und auch eigentlicher Mischtechnik seine Visionen festhielt. Nigg, 1865 in Vaduz geboren und dort 1949 gestorben, hatte seinen Lebensweg über Zürich, Mün-chen, Augsburg, Magdeburg und Köln genommen, wo er 1914 an der Ausstellung des Deutschen Werkbundes mit textiler Gestaltung be-teiligt war;
- oder die Ausstellung Wiener Biedermeier, also aus der Zeitepoche von 1815 bis 1848, deren Kunstrichtung, wie Georg Malin schrieb, noch im Klassizismus fusste und schon aus dem Lebensgefühl der Romantik lebte. In Vaduz war die Epoche vertreten durch promi-nente Wiener Künstler wie Jakob Alt, Friedrich Gauermann und Ferdinand Georg Waldmüller.

120

Georg Malin, der Konservator der Liechtensteinischen Kunstsammlungen, würde eigentlich verdienen, hier ganz besonders hervorgehoben zu werden. Er ist nicht nur der «Kunstverwalter», sondern selbst ein gottbegnadeter Bildhauer. Das Denkmal für Fürst Johann den Guten in Vaduz, die Brunnenplastik in Schaan, die Gedenkstätte für den liechtensteinischen Historiker, Heimatdichter, Schulmann und Priester Johann Baptist Büchel in Balzers, das farbige Stahlrelief «Land und Wasser» im Balzner Schwimmbad, das Eisenportal zur Totenkapelle und die Büste des liechtensteinischen Pädagogen und Historikers Peter Kaiser in Mauren, der Heimatgemeinde Malins, sind nur einige wenige seiner hervorragenden Werke. Georg Malin hat aber auch Briefmarken entworfen und 1985 den Altar für die päpstliche Eucharistiefeier in Eschen/Mauren kreiert, womit das breite Spektrum seiner künstlerischen Tätigkeit angedeutet ist.

In seiner Eigenschaft als Konservator schrieb Georg Malin zur Biedermeier-Ausstellung: «Bemerkenswert ist die Tatsache, dass die Fürsten von Liechtenstein zur Malerei des Biedermeier immer ein sehr nahes und intaktes Verhältnis hatten, obwohl dieses führende Adelshaus der österreichischen Monarchie im Barock die adäquatesten Ausdrucksmittel gefunden hatte. Die Fürsten Johann I. (1760–1836), Alois II. (1796–1858) und Johannes II. (1840–1929) waren leidenschaftliche Sammler dieser ausgesprochen bürgerlichen Kunst.»

Damit wäre der grösste Kunstschatz Liechtensteins angesprochen: die Fürstliche Sammlung. Sie geht zurück auf den Fürsten Karl (1569–1627), der in seiner Prager Residenz den Grundstein dazu gelegt hatte. Die Liebhaberei seines Sohnes, des Fürsten Karl Eusebius (1611–1684), hatte vor allem den Werken der Malerei gegolten, so dass er als der eigentliche Gründer der Liechtenstein-Galerie bezeichnet werden kann. Die meisten Hauptwerke von Rubens und van Dyck und viele zeitgenössische Werke der italienischen Malerei waren bereits in seinem Besitz. In einer Schrift ermahnte er seine Nachkommen: «Auf rare und guete, schene und vornehme Sachen zu spendieren, ist riehmlich und lobwierdig, dan ein ebige, grosse und greste Gedechtnus verbleibet; auf ible und unvollkommene Sachen aber das Geldt zu verwerfen, wil thoricht sein.» Und dann gab er zu bedenken: «Wier sagen dier aber, Geldts Begierigen, dass dein Schatz mit dier durch den Dodt vergehen wiert und aller Genuss und Gedechtnus, mit solchen auch alle Spesen, so du dein Lebelang gefieret hast, sie sein gewesen, wie sie gewolt, so nicht ein dergleichen structurae dignissimae signum hinterlassen wiert.»

121

Das Hungertuch aus Bendern ist ein Werk des Feldkircher Malers Hans Georg Clessin und ist 1612 datiert. In 24 Bildern zeigt es die Heilsgeschichte. Hier als Ausschnitt der verräterische Kuss Judas', die Geisselung Christi, die Grablegung und die Auferstehung. Das Hungertuch ist 1971 restauriert worden und befindet sich seither im Liechtensteinischen Landesmuseum.

Der Sammeleifer und das Sammelgut vererbten sich über Generationen hinweg, und der heutige Kunstbesitz des Fürsten von Liechtenstein umfasst rund 1400 Bilder, eine reichhaltige Sammlung kunstvoller Waffen, Porzellan und Möbel und nicht zuletzt den «Goldenen Wagen», mit dem Fürst Josef Wenzel 1760 zur Hochzeit des zukünftigen Kaisers Joseph II. und der Prinzessin Isabella von Parma fuhr.

Mit Geschick, mit Unterstützung von gutgesinnten Freunden und mit viel Glück vermochte Fürst Franz Josef II. gegen Ende des Zweiten Weltkrieges die Schätze (mit Ausnahme des «Goldenen Wagens», der in Wien blieb) aus dem kriegsumkämpften Dritten Reich nach Vaduz zu bringen. Im dortigen Schloss sind sie in modern ausgestatteten Depots untergebracht und werden abwechslungsweise im «Engländerbau» ausgestellt. Vermutlich müsste man richtiger sagen: Wurden! Der «Engländerbau» bietet nämlich sehr wenig Sicherheit sowohl gegen Raub und Beschädigung als auch in bezug auf Luftfeuchtigkeit und Temperatur. Anderseits hat sich der Fürst bereit erklärt, seine Schätze der Öffentlichkeit zugänglich zu machen, wofür Liechtenstein ein geeignetes Kunsthaus erstellen sollte. Auf privatrechtlicher Grundlage wurde deshalb eine «Kunsthaus-Stiftung» ins Leben gerufen, in der der Staat, die Gemeinde Vaduz und die Kunstgesellschaft vereinigt sind. Es wurde ein Projekt vorgelegt, dem die Bürger schon zweimal zugestimmt haben, doch tauchten bald die «Wenn» und «Aber» und vor allem auch die Eifersüchteleien auf. So vermochten die Spiessbürger die Vorlage gegen den Willen der Bürger bisher zu verhindern.

Und so ist auch der Plan gescheitert, die wertvollen Schätze nach ihrer Rückkehr aus New York im neuen Kunsthaus unterzubringen. Vom Herbst 1985 bis über den Frühling 1986 hinaus waren sie nämlich im New Yorker «Metropolitan Museum of Art» zur Schau gestellt. Der Fürst hatte sich zwar früher immer gegen eine Leihgabe ins Ausland ausgesprochen, doch vermochte ihn Christian Norgren, der Generalbevollmächtigte der «Fürst von Liechtenstein-Stiftung», vom Wert einer solchen Ausstellung zu überzeugen. Dank Norgrens Initiative und der fachlichen Unterstützung durch Professor Reinhold Baumstark, den Direktor der Fürstlichen Sammlungen, ist das New Yorker Unterfangen zu einem einmaligen Erfolg geworden. Die Enttäuschung ist in der Heimat bereitet worden.

Wie soll es weitergehen? Die Liechtensteinische Kunstgesellschaft hat an ihrer Jahresversammlung, mit der sie gleichzeitig ihr zehnjähriges Bestehen feiern konnte, eine Resolution gutgeheissen, in der sie ihre

Absicht zur Verwirklichung des ursprünglich geplanten Kunsthauses bekräftigt. Anderseits hat Erbprinz Hans Adam den Vorschlag gemacht, das Kunsthaus auf fürstlichem Boden zu erstellen, nicht aber gegen den Willen des Volkes: «Wir möchten damit ja etwas schaffen, was positiv ist für unser Land. Sonst könnten wir die Kunstwerke ja in unseren Depots aufbewahren; da wären sie am sichersten und auch vom konservatorischen Standpunkt aus am besten geschützt. Deshalb wollen wir auch auf unserem Boden das Kunsthaus nur bauen, wenn man auf Landes- und Gemeindeebene davon überzeugt ist, dass es im Interesse der Allgemeinheit liegt. Ich möchte dem Land nicht etwas aufzwingen, sondern Land und Gemeinde sollen darüber abstimmen können und die Möglichkeit eines Referendums erhalten. Wenn die Mehrheit sich dagegen äussern würde, wäre für uns der Fall erledigt.» Eine gewisse sogar doppelte Hoffnung besteht also: Vielleicht setzt sich die «Kunsthaus-Stiftung», deren Mitglied die Kunstgesellschaft ist, doch noch durch oder der Plan des Erbprinzen kann verwirklicht werden. Wenn das Volk zu beidem Nein sagt, würden auch die fürstlichen Werte versteckte Schätze bleiben.

Konservativer Fortschritt:

«Das haben wir schon immer so gemacht...»

Verallgemeinernd hört man vielfach das Urteil, die jungen Liechten-steiner seien den Alten zu progressiv, die Alten aber den Jungen zu konservativ. Das mag in Einzelfällen stimmen, aber als generelle Regel ist es nicht aufrechtzuerhalten. Es gibt auch im Fürstentum ältere und alte Leute, die sehr fortschrittlich denken, und es gibt auch verknöcher-te und verbohrte Junge, auch wenn sie das selbst gar nicht so empfin-den. Vor allem aber sind diese Eigenschaften nicht ausschliesslich verteilt; die meisten Liechtensteiner sind, wie Leute anderer Länder auch, in gewissen Bereichen aufgeschlossen und modern, in anderen aber unwandelbar und konservativ.

Es ist sicher keine Majestätsbeleidigung, wenn man sogar seine Durch-laucht Fürst Franz Josef II. von und zu Liechtenstein in die Kategorie solcher Menschen einreiht. Lange persönliche Gespräche mit ihm ha-ben auf jeden Fall bewiesen, wie aufgeschlossen, wie modern und sogar wie jugendlich dieser Monarch denkt: über Politik, über Wissen-schaft, über Natur, Erziehung und Alltagsprobleme. Zweifellos ist er in seiner Haltung gegenüber der Religion zutiefst konservativ, beharrend also. Für ihn ist Religion nach eigener Aussage «Einstellung zur Welt und zu den Mitmenschen». Fürst Franz Josef II. ist gläubiger Katholik, verehrt Gott und achtet das Gebot der Nächstenliebe. Aber ist es nicht in höchstem Masse «modern», «fortschrittlich», wenn er trotz seiner unabdingbaren Haltung jeden einzelnen entscheiden lässt, wie er sich zur Religion einstellen will und kann? Nach seiner Meinung ist es das Richtige, es jedem Menschen zu überlassen, weil der Mensch ja von Gott als ein freies Individuum geschaffen ist. Fürst Franz Josef ist aber auch in sozialer Hinsicht «progressiv». Er ist weit weg vom Den-ken früherer Feudalherren, er kennt keine Standes- oder Klassenunter-schiede, für ihn gilt nur der Wert des Menschen an sich, und eben seiner religiösen Einstellung gemäss ist für ihn jeder der «Mitmensch», der «Nächste».

Genauso wie der Fürst trotz seines Alters fortschrittlich denkt und handelt, genauso ist der fortschrittliche Erbprinz Hans Adam in vielen, vor allem in Grundsatzfragen, konservativ. Erbprinz Hans Adam, der seit dem 26. August 1984 vom Fürsten mit der Ausübung aller ihm zustehenden Hoheitsrechte betraut und in diesem Umfang zum Stellvertreter des Landesfürsten bestellt worden ist, hat sich – wie sein Vater – nie viel aus aufwendigen Repräsentationen gemacht. Gemäss seiner anderen Ausbildung und entsprechend einer veränderten Zeit nimmt er seine Amtspflichten anders wahr als die Fürsten früherer Generationen, aber er ist als Mitglied des Hauses Jener von Liechtenstein «konservativ», das heisst: vom Ziel getragen, frühere Werte zu bewahren und sie höchstens durch neue Werte zu erweitern. Erbprinz Hans Adam ist seinem Naturell und seiner Schulung gemäss auf die Wirtschaft ausgerichtet. «Wir sind von Liechtenstein aus mit dem Prinzip immer gut gefahren, der Wirtschaft freien Raum zu lassen. Wenn wir das weiterhin aufrechterhalten können, werden wir auch in der Zukunft gut fahren», erklärte er wörtlich. Für viele liechtensteinische Bürger, die Mass am Fürsten nehmen, denkt der Erbprinz zu sehr in ökonomischen Dimensionen, und sie fürchten, er werde bald einmal das Land wie eine Bank oder ein Industrieunternehmen führen. Doch beruhigte er mit den Worten: «Die Erfahrung als Manager ist mir insofern zugute gekommen, als ich dadurch gespürt habe, dass man als guter Chef sehr viel delegieren soll und es als Manager nicht sehr schätzt, wenn staatliche Vorschriften und Eingriffe überhand nehmen. Ich glaube, dass die Regierungen in fast allen Staaten, auch in Liechtenstein, mit Eingriffen eher zu weit gegangen sind. Wenn ich also eingreife, dann eher in dem Sinne, dass man den staatlichen Einfluss zurückbindet.»

In diesen Spannungsbereich, der in den beiden führenden Persönlichkeiten des Landes, dem Fürsten und dem Erbprinzen angedeutet wurde, ist auch das Volk einbezogen. Viele trauern bei jeder passenden und unpassenden Gelegenheit der «guten alten Zeit» nach, wohl wissend, dass sie nur alt, nicht aber sonderlich gut war. Aber wenn sie – auch in Liechtenstein – die ganz jungen auf dem Moped, die weniger jungen in spritzigen Autos durch die Strassen flitzen sehen, wenn sie Lehrlinge und Gymnasiasten am Sonntagvormittag anstatt in der Kirche auf Wirtshausterrassen oder auf dem Sportplatz erblicken oder wenn sie gar gegen Abend eine durch buntes und stacheliges Haar charakterisierte «Punk»-Gruppe kreuzen, stehen ihnen paradoxerweise selbst die Haare zu Berge, und sie erinnern sich, ein wenig unter Selbstbemitleidung, an die eigenen harten Jugendjahre. Jene Zeit liegt eben in Liechtenstein nicht allzu lange zurück, so dass mit einem raschen und willkommenen Aufschwung eine sehr rapide und für viele allzu schwer zu akzeptierende Veränderung einherging. Nicht mehr als anderswo, aber vielleicht eben etwas schneller.

Die Verbundenheit mit Religion und Kirche, die das Fürstenhaus prägt, ist auch für Volk und Staat massgebendes Charakteristikum. «Die römisch-katholische Kirche ist die Landeskirche und geniesst als solche den vollen Schutz des Staates», heisst es in Artikel 37 der Verfassung. Trotzdem aber war die Kirche in Liechtenstein nie eine politische Macht, doch eine um so stärkere moralische und geistige Kraft. Eine Kraft natürlich, die in der Tradition wurzelt und demgemäss auch das Volk beeinflusst und geführt hat. Es sind jedoch auch in Liechtenstein Entwicklungen erkennbar, die darauf hindeuten, dass die Autorität der Kirche in gewissen Kreisen nachgelassen hat.

Zwar hat der Papstbesuch vom Jahre 1985 eine Begeisterung geweckt, die alle Rückschläge überdeckte, und sogar die Jugendvesper, der man anfänglich eher skeptisch entgegengesehen hatte, ist zum Beweis dafür geworden, dass auch die jungen Liechtensteiner mit ihrer Religion verbunden sind und dass sie die Worte von Papst Johannes Paul II. verstanden haben: «Liebe junge Freunde! Ihr lebt in einem wohlhabenden Land. Freut euch darüber und nutzt die euch dadurch gebotenen Chancen. Seid euch jedoch zugleich der Verantwortung bewusst, die sich für euch daraus ergibt ... Materieller Reichtum ist an sich etwas Gutes, solange wir nicht unser Herz daran verlieren. Konsum ist an sich nichts Schlechtes, solange wir nicht den Hunger der Seele in ihm ersticken.»

Liechtenstein ist aber nicht nur bei solchen einmaligen Anlässen und nicht nur in der Verfassung ein katholisches Land. Tatsächlich bekennen sich 85,8 Prozent der gesamten Bevölkerung zur römisch-katholischen Konfession und sogar – wenn man die Ausländer ausklammert – 96,8 Prozent der Liechtensteiner. Diese Angaben umfassen allerdings die eingeschriebenen Katholiken, nicht die Kirchgänger, und zudem muss man die Entwicklung berücksichtigen: 1930 hatte es 26 Liechtensteiner Protestanten gegeben und einen, der einer anderen Konfession als den beiden genannten angehörte, 1980 aber waren es 15 408 Katholiken, 383 Protestanten, 3 Israeliten und 119, die einer anderen oder keiner Konfession angehörten. Bei den Ausländern ist das Verhältnis noch mehr auseinandergegangen: 1930 waren 236 protestantisch und 3 konfessionslos oder einer anderen Konfession angehörend, 1980 aber 2225 Protestanten und 827 Andersgläubige oder ohne Konfession. Der Anteil der Katholiken an den Ausländern ist von 1930 bis 1980 von 85,8 Prozent auf 66,9 Prozent gesunken. Damit ist die Veränderung aufgezeigt, soweit sie sich in Zahlen ausdrücken lässt. Ihre Auswirkung aber geht wesentlich tiefer. Mischehen und Ehescheidungen – noch vor wenigen Jahren kaum existent – sind immer häufiger zu verzeichnen und führen auf lange Sicht konsequenterweise zu einer Lockerung der religiösen Bindung, wenn nicht gar zum Bruch.

Das ist eine Entwicklung, die nicht nur den religiösen Bereich berührt, sondern die auch politische Konsequenzen hat. Die Gleichstellung der Frau zum Beispiel, die in der katholischen Kirche nicht gegeben ist, wurde in Liechtenstein zum Politikum. Zunächst einmal mit der Forderung nach dem Frauenstimmrecht, wogegen wahrhaftig in der zweiten Hälfte des zwanzigsten Jahrhunderts niemand mehr etwas einwenden kann. 1971 hatten denn die stimmberechtigten Liechtensteiner erstmals darüber zu befinden. 49 Prozent stimmten dafür, 51 Prozent dagegen, wobei – das muss man sich stets angesichts der Kleinheit des Landes vergegenwärtigen – 2 Prozent der damaligen (männlichen) Stimmberechtigten ganze 81 Stimmen ausmachten! 1973 nahm man einen zweiten Anlauf, weil, wie der Liechtensteiner Korrespondent der «Neuen Zürcher Zeitung» geschrieben hatte, das negative Image ausgeschaltet werden sollte: «Der Druck von aussen wird immer stärker! Je näher Liechtenstein auf dem internationalen Parkett gegen das Zentrum vorrückt, um so lästiger macht sich dieses undemokratische Aushängeschild bemerkbar.» Also auch in diesem Bereich: «Nicht aus eigenem Trieb...» Aber der Druck war offensichtlich 1973 noch nicht gross genug. Erst am 1. Juli 1984 klappte es dann: Mit 2370 Ja (51,3 Prozent) gegen 2251 Nein (48,7 Prozent), bei einem Unterschied also von nur 119 Stimmen, wurde den Frauen die politische Gleichberechtigung zuerkannt. Die drei Oberländer Gemeinden Triesen, Triesenberg und Balzers hatten jedoch verwerfende Mehrheiten ausgewiesen wie auch die Unterländer Gemeinde Mauren, und Eschen erbrachte mit 260 Ja gegen 260 Nein ein Unentschieden.

Im «Liechtensteiner Volksblatt» schrieb damals der Präsident der «Fortschrittlichen Bürger-Partei», Dr. Herbert Batliner: «Unser Staat kann ab heute nicht nur auf seinen Fleiss und auf den daraus gewachsenen materiellen Wohlstand verweisen, wenn er von Erfolgen spricht. Wir müssen auch nicht mehr nur auf die Tradition und die Geschichte unseres Fürstenhauses und auf die glücklichen Fügungen des Schicksals verweisen, wenn wir unseren eigenen und eigenständigen Platz in der europäischen Staatenfamilie reklamieren. Das gestrige Ja war ein entscheidender moralischer Sieg, der die Glaubwürdigkeit unseres Volkes in der ganzen Welt stärken wird.» Aber 2251 Männer hatten Nein gesagt. Sie waren von der alteingesessenen Regel ausgegangen: «Wozu etwas Neues? Das haben wir schon immer so, nämlich ohne die Frauen, gemacht!» Deshalb forderte der Chefredaktor des «Liechtensteiner Volksblattes»: «Die politische Gleichberechtigung ist nun auf Landesebene voll verwirklicht. Nun gilt es, die Frau als Partnerin nicht nur in der Ehe, in der Familie und im Erziehungsbereich, sondern überall in der Gesellschaft zu akzeptieren. Der erste Schritt ist jetzt getan, die weiteren müssen folgen.»

Den zweiten Schritt wollte Liechtenstein dann am 1. Dezember 1985 machen. Er misslang, weil Feuer und Wasser, auf Liechtenstein bezogen: Rot und Schwarz, nicht zu vereinigen waren. Mit einer Verfassungsinitiative sollte die Gleichberechtigung von Mann und Frau in gesellschaftlicher und arbeitsrechtlicher Hinsicht gesichert werden. Die rote «Vaterländische Union» brachte einen Gegenvorschlag ein, der wesentlich larger war und die Gesetzgeber nicht an Fristen band und die Gleichberechtigung nicht in der Verfassung verankern, sondern sie dem Gesetzgeber überantworten wollte. Die Abstimmung brachte das erwartete Ergebnis: die Niederlage beider Vorstösse. 4109 Liechtensteiner und Liechtensteinerinnen hatten sich gegen beide Vorlagen ausgesprochen, 1973 waren für die Verfassungsinitiative und 2400 für den Gegenvorschlag. «Auf der Strecke blieben zwei Abstimmungsvorlagen», klagte das schwarze «Volksblatt» nach der Niederlage, «aber auch der Grundgedanke, der hinter dem Volksbegehren steckte. In den letzten Wochen ist mehr über Parteitaktik und dergleichen diskutiert worden als über das eigentliche Anliegen, die rechtliche Gleichstellung der Frauen – und wie das erreicht werden könnte.» Noch einmal hatten jene gesiegt, die mit dem Slogan politisieren: «Das haben wir schon immer so gemacht...»

Frauen haben es immer noch schwerer als Männer, sich durchzusetzen. Das betrifft nicht nur die Paragraphen der Justiz, sondern auch die beruflichen Bildungs- und Betätigungschancen. Die Wirtschaft ist zwar wesentlich offener geworden, und auch der Staat hat ostentativ bewiesen, dass er es ernst meint mit der Gleichberechtigung. Sogar bevor die Frauen ihr Stimmrecht erhalten hatten, war eine Frau, Aldina Nutt, Chef des Protokolls geworden. Nicht nur wegen ihres Charmes, sondern auch und vor allem wegen ihrer Fähigkeiten.

Aber die veränderte Stellung der Frau in der Gesellschaft hat nicht zuletzt auch das Verhältnis zur Religion verändert, oder – im umgekehrten Sinn – das neue Verhältnis zur Religion hat zur Folge gehabt, dass sich die Stellung der Frau verändert hat. Eheliche Trennung gab es, als Einzelfall, schon immer, stimmte sie doch, eben als Ausnahme, mit den Massstäben der katholischen Kirche überein. Jetzt aber ist Ehescheidung schon fast zur Selbstverständlichkeit geworden und hat bereits in oberste Kreise Einzug gehalten. Das ist natürlich Privatsache, aber dass es dazu geworden ist, bedeutet eine Entwicklung, die noch in der ersten Nachkriegszeit undenkbar gewesen wäre.

Doch was soll's? Auch die Pille wird in Liechtenstein gehandelt, wenngleich man darüber (noch) nicht in der breiten Öffentlichkeit, dafür um so intensiver im geschlossenen Kreis spricht. Ist das ein Fortschritt? Einem Aussenstehenden steht es nicht zu, darüber zu urteilen, aber es kann kein Zweifel darüber bestehen, dass sich – auch in Liechtenstein – das Verhältnis zwischen Ehepartnern verändert hat: Die Frau ist ausgebrochen aus der Enge ihrer früheren Aufgaben, die mit den drei «K», nämlich Kirche, Küche und Kinder, zu umschreiben war, und gleichzeitig ist der Mann vom Ernährer der Familie zum Partner seiner Ehefrau aufgestiegen. Auch zu dieser Feststellung wird vielleicht der stereotype Kommentar laut: «Das haben wir schon immer so gemacht...»

Aber auch im Männerbereich hat sich einiges gewandelt. Wenn zur Fasnachtszeit ein Gasthaus «Bedienung unten ohne» anpries, so mochte das ein Beweis für den liechtensteinischen Humor sein, der Erfolg dieses Inserats bewies aber auch die Stärke der männlichen Neugierde, die dann durch barfüssige hübsche Serviermädchen entschädigt wurde! Vom kleinen Café, in dem zum Fünfuhrtee gut bürgerlich Kuchen mit Sahne aufgetragen wird, wo aber am späten Abend die Hüllen fallen, hat fast jeder Liechtensteiner «schon einmal gehört» und jedermann wehrt entsetzt ab – «da gehe ich natürlich nie hinein!» – und trotzdem ist das offene Haus meist überfüllt. Wer im Glashaus sitzt, so sagt man, soll nicht mit Steinen um sich werfen, doch die vorstehenden Bemerkungen waren nicht als Vorwurf, sondern höchstens als Hinweis darauf gedacht, dass auch Liechtenstein und sein Volk sich nicht dem Wandel entziehen können.

Statt Käsknöpfle kommen Konserven und Tiefkühlprodukte auf den Tisch, anstelle von Trachten und Lodenmänteln haben Blue jeans und Rollkragenhemden bis ins Schloss hinauf Einzug gehalten, und auch die liechtensteinischen Priester haben sich weitgehend der Soutane und des steifen Halskragens entledigt.

Der Wohlstand hat aber auch die Mentalität verändert, und die Erziehung von heute ist nicht mehr die gleiche wie in der Vorkriegszeit. Das ist ganz natürlich. Früher, und das ist noch gar nicht so lange her, sind

Nächste Doppelseite:
Sonne und Schnee: die Haupt-
elemente im Wintersportzentrum
Malbun. Aber wenn die Sonne
nicht scheint oder der Schnee
zu mager ist, kann man auch in
Liechtenstein den Verkehrs-
direktor nicht haftbar machen,
doch garantiert er ganzjährige
Strassenverbindung und 1200
Parkplätze. Zwei Sesselbahnen
und vier Skilifte führen vom
1600 m hoch gelegenen Malbun
aus in himmlische Sphären.

die Söhne der Bauern und Gewerbetreibenden im Fürstentum in die Volksschule gegangen, haben dann den Beruf beim Vater gelernt und sind kaum je über die Rheinbrücke gefahren – ausser jene, die aus Not vorübergehend ihr Brot auswärts verdienen mussten. Heute bietet Liechtenstein ausgezeichnete Mittelschulen, aber die neue Gesellschaft erfordert vermehrt höhere Bildung, so dass mehr und mehr junge Leute zu Studienzwecken ins Ausland gehen. Liechtenstein ist voll einbezogen in die Umwelt und ein wertvoller Teil des Ganzen geworden, doch ganz ohne Gefahr ist seine geistige Lage nicht. Das Wort von Max Frisch gilt auch für das Fürstentum Liechtenstein: «Wir leben technisch, der Mensch als Beherrscher der Natur, der Mensch als Ingenieur, und wer dagegen redet, der soll auch keine Brücke benutzen, auch keine Glühbirne, keinen Motor, keine Rechenmaschine, kein Bad, keine Müllabfuhr, keine Narkose.» Gerade dieses technische Denken wird von hellhörigen Leuten kritisiert. Die Schule gehe zu sehr auf die Ausbildung zeitgemässer Arbeitskräfte aus, und die Allgemeinbildung werde vernachlässigt. «Es genügt nicht, wenn eine gut geführte Musikschule in Verbindung mit einsichtsvollen Eltern versucht, das Fehlen einer allgemeinen Musikerziehung in unseren Schulen wettzumachen. Es genügt auch nicht, wenn in unserem bedeutendsten kulturellen Zentrum, dem 'Theater am Kirchplatz' in Schaan, periodisch Schülervorstellungen verschiedenster Art organisiert werden, solange in einer vom Bildungsmaterialismus geprägten Schule die gesamte musische Erziehung nur am Rande – wenn überhaupt! – vegetiert.» Mit diesen Worten beklagte sich der Schaaner Lehrer Harald Wanger, geboren 1933, in einer 1973 von der Liechtensteinischen Akademischen Gesellschaft herausgegebenen Studie «Beiträge zum liechtensteinischen Selbstverständnis». Harald Wanger schloss seinen kritischen Aufsatz mit dem Appell: «Sich absetzen vom herrschenden Materialismus, und sei es auch unter persönlichen Opfern, ist die einzige Möglichkeit, jenem ungeheuren Druck von aussen standzuhalten, der heute unser Land vielleicht mehr bedroht, als zur Zeit des Zweiten Weltkrieges es die politischen Ereignisse an unseren Grenzen getan haben.

131

Damals war man sich unter dem äusseren und inneren Druck einig, die Existenz unseres Staates zu verteidigen. Heute ist die Bedrohung nicht mehr so deutlich zu spüren; sie liegt in der Umkehrung der menschlichen Werte zur äusseren Leistung. Ihr entgegenzuwirken, indem wir unser Land nicht zu einem Jahrmarkts-Panoptikum für durchreisende Touristen werden lassen, sondern zu einem wirklichen und gelebten Refugium der Kultur gestalten, müsste – ohne dass wir dabei die gewaltigen Möglichkeiten der heutigen Technik lebensfremd negieren – die vornehmste und wichtigste Aufgabe nicht allein des Staates, sondern von uns allen sein.»

Würde das eine Rückkehr zum Konservativismus oder anders ausgedrückt eine Absage an den Fortschritt bedeuten? Vom Autor dieser Kritik ist die Aufforderung sicher nicht so gemeint. Zudem muss ein gewisser Konservativismus einen gewissen Fortschritt nicht unbedingt ausschliessen.

«Seid nicht zu hartnäckig in der Erhaltung dessen, was zusammenbricht, und nicht zu voreilig in der Errichtung dessen, was sich anzukünden scheint», hatte der 1767 in Lausanne geborene französische Politiker und Schriftsteller Benjamin Constant de Rebecque in seinem Werk «Vom Geist der Eroberung» geschrieben – als Warnung an alle, auch an die Liechtensteiner, obgleich deren Antwort darauf nicht allzu schwer zu erahnen ist: «Das haben wir schon immer so gemacht...»

Solidarität mit der Welt:

«Nichts als die wirkliche tatsächliche Freiheit. . .»

«Mit Kleinen tut man kleine Taten, mit Grossen wird der Kleine gross», lässt Johann Wolfgang von Goethe in seinem «Faust» Thales dem Homunculus antworten, und von dieser Maxime ist die politische Führung des kleinen Fürstentums Liechtenstein seit dem Zweiten Weltkrieg ausgegangen. Die enge wirtschaftliche und wirtschaftspolitische Verbindung mit der Schweiz hat es nicht zur Zwangsjacke werden lassen, sondern eine eigene Aussenpolitik entwickelt, die natürlich nicht auf Machterweiterung, sondern vielmehr auf Solidarität bedacht ist. Der grosse Geschichtsphilosoph Jacob Burckhardt hat in seinen «Weltgeschichtlichen Betrachtungen» die Rolle des Kleinstaates wie folgt umschrieben: «Der Kleinstaat ist vorhanden, damit ein Fleck auf der Welt sei, wo die grösstmögliche Quote der Staatsangehörigen Bürger im vollen Sinne sind... Denn der Kleinstaat hat überhaupt nichts als die wirkliche tatsächliche Freiheit, wodurch er die gewaltigen Vorteile des Grossstaates, selbst dessen Macht, ideal völlig aufwiegt.»
In Liechtenstein erwuchs aus der Freiheit seiner Bürger im Bewusstsein um die Zusammengehörigkeit die Solidarität und Hilfsbereitschaft. Als geschichtliche Reminiszenz sei das «Hilfskomitee für Schleswig-Holstein» erwähnt, das 1862 in Liechtenstein Spenden sammelte für die Deutschen, die wegen ihrer Auflehnung gegen die dänische Herrschaft verfolgt worden und in Not geraten waren. Im Ersten Weltkrieg, zu einer Zeit also, da die Mehrheit der Liechtensteiner selbst Not litt, haben zweihundert Kinder aus Vorarlberg vorübergehende Unterkunft im Fürstentum gefunden. Wenige Jahre später musste Liechtenstein dann selbst internationale Hilfe in Anspruch nehmen, als am 26. September 1927 die Rhein-Wuhre brach und ein grosser Teil des Landes überschwemmt wurde. Zwei Todesopfer waren zu beklagen. Hunderte von Menschen waren obdachlos geworden, und der materielle Schaden ging in die Millionen Franken. Sogleich waren österreichische und schweizerische Armee-Einheiten zu Hilfe gekommen, aus den Nachbarstaaten und aus Deutschland Spenden eingetroffen, und schliesslich waren über siebenhundert Freiwillige aus zwanzig Nationen im Einsatz, um die schlimmsten Schäden zu beheben.

In Dankbarkeit erinnerte sich nachher die liechtensteinische Bevölkerung an diese Zeit und griff hilfsbereit in die damals nicht sehr vollen Taschen, als es galt, kriegsversehrten Kindern beizustehen. Jährlich wurde eine grosse Sammelaktion durchgeführt, deren Erträge dem Internationalen Roten Kreuz für die Kinderhilfe zur Verfügung gestellt wurden. Bei Kriegsende sperrte man die kleine Tür weit auf, um Flüchtlinge aufzunehmen. Allein im Jahre 1945 wandte die Regierung dafür 52 000 Franken auf, was 2 Prozent der Gesamtausgaben des Landes entsprach. Die mehr als zweijährige Internierung von fünfhundert Soldaten der «1. Russischen National-Armee», die auf der Seite Nazi-Deutschlands gekämpft hatte, belastete das Staatsbudget mit durchschnittlich 150 000 Franken, also 5 Prozent der Gesamtausgaben. Wenige Tage, bevor die Russen die Grenze überschritten hatten, ergriff die junge Landesfürstin Gina die Initiative zur Gründung des «Liechtensteinischen Roten Kreuzes». Vierzig Jahre lang stand sie dieser Organisation vor, die immer wieder in der Heimat und im nahen und weiteren Ausland mithalf, Not zu lindern; 1985 hat sie dann die Führung an Erbprinzessin Marie Aglae abgetreten. Es würde zu weit gehen, alle Aktionen aufzuzählen, die das kleine Land uneigennützig durchgeführt hat zugunsten notleidender Kinder in der ganzen Welt, zugunsten von Lawinenopfern in Österreich und der Schweiz, zugunsten der Opfer von Naturkatastrophen und bewaffneten Konflikten in verschiedenen Ländern, aber auch zugunsten von ungarischen und tschechoslowakischen Flüchtlingen in den Jahren 1956 und 1968.

Aus dieser spontan erstandenen privaten und dann staatlichen Hilfe erwuchs nach und nach die eigentliche Entwicklungshilfe, die 1961 ins Leben gerufen wurde. «Wir Liechtensteiner können nicht so tun, als ob uns die Welt nichts angehe. Wir haften solidarisch für die Not. Das Gesetz der Nächstenliebe gilt nicht nur unter den einzelnen Menschen, es gilt ebenso für die Völker», hatte Regierungschef Gerard Batliner 1963 an der Jungbürgerfeier erklärt, und er war verstanden worden. Anfänglich unterstützte man die Arbeit liechtensteinischer Missionare in der Dritten Welt, 1965 aber gründete die Regierung zusammen mit dem privaten Verein «Welt und Heimat» die Stiftung «Liechtensteinischer Entwicklungsdienst». Auf diese Weise konnte man einen Schritt weiter gehen und neben den Geldspenden auch die Arbeit von Entwicklungshelfern wirksam werden lassen. Der grösste Teil der staatlichen Entwicklungshilfe kam Menschen in Afrika und Lateinamerika zugute. Am Anfang standen dem Entwicklungsdienst 92 000 Franken zur Verfügung; für 1986 sind 1,7 Millionen Franken bereitgestellt.

Zu einem besonderen «Patenkind» Liechtensteins ist die zentralamerikanische Republik Costa Rica erhoben worden. Dort konnte mit Geldern des «Liechtensteinischen Entwicklungsdienstes» ein Radiosender eingerichtet werden, der mit einem grossangelegten Plan der Erwachsenenbildung dient. Für Prinzessin Nora, die sich der Pfadfinderbewegung und dem Olympischen Komitee widmet, ist das Projekt Costa Rica zu einer besonderen Lebensaufgabe geworden. Entwicklungshilfe ist ein Willensakt, sie baut nicht auf emotionale Freundschaft. So viel Ähnlichkeiten zwischen Liechtenstein und Costa Rica auch bestehen (beides sind ausgesprochen katholische Länder, beide sind neutral und unbewaffnet), so gross sind andererseits die Unterschiede, und so schwierig ist es wohl auch für beide Teile, den anderen zu verstehen. Ausbau der Erwachsenenbildung ist eine Hilfe, die langfristig von ausserordentlicher Bedeutung sein kann. Grundwissen zu vermitteln ist eine erhabene Aufgabe, denn ohne Wissen kann es keine «wirkliche, tatsächliche Freiheit» geben, die Burckhardt für die Kleinstaaten zum Gegengewicht für die Macht der Grossen erkoren hatte.

Ausgestattet mit der Macht der Freiheit, hat Liechtenstein – vor allem seit dem Zweiten Weltkrieg – das Wagnis unternommen, sich in die internationale Arena zu stürzen und eine mehr und mehr eigenständige Aussenpolitik zu betreiben. Es ist heute Vollmitglied des Europarates, durch ein Zusatzprotokoll Mitglied der «Europäischen Freihandelsassoziation» EFTA, Mitglied des «Internationalen Olympischen Komitees» IOC und der «Internationalen Satelliten-Organisation». Zudem arbeitet es in vielen Unterorganisationen der Vereinten Nationen mit: «Wirtschaftskommission für Europa» ECE, «Internationale Atomenergie-Organisation» IAEA, «Internationaler Gerichtshof» ICJ, «Internationle Fernmelde-Union» ITU, «Konferenz für Handel und Entwicklung» UNCTAD, «Weltkinderhilfswerk» UNICEF, «Organisation für industrielle Entwicklung» UNIDO, «Weltpostverein» UPU und «Weltorganisation für geistiges Eigentum» WIPO.

Der Eintritt in die EFTA entwickelte sich noch im Rahmen der Vorurteile ab, die vom Völkerbund bis über den Zweiten Weltkrieg hinaus nicht auszurotten waren. Liechtenstein galt als «Anhängsel» der Schweiz, und der Umstand, dass es 1960 nur durch ein Zusatzprotokoll in die EFTA schlüpfen konnte, wurde vielerorts – nicht zuletzt in der schweizerischen Öffentlichkeit – als weiterer Beweis dafür gewertet. Ganz zu Unrecht. Liechtenstein war und ist politisch unabhängig und souverän, aber es ist mit der Schweiz eine Zoll- und Währungsunion eingegangen, so dass die EFTA, die ausschliesslich die Wirtschaftspolitik abdeckt, konsequenterweise die Schweiz und Liechtenstein als Wirtschaftseinheit betrachten und entsprechend auch die Aufnahme regeln musste.

Bis zu einem gewissen Grad gilt das auch für das Verhältnis Liechtensteins zur «Europäischen Gemeinschaft» EG, die allerdings in ihrer Zielsetzung und auch teilweise in ihrer Aktivität über die Wirtschaft hinaus direkt in die Politik eingreift. Als Ende 1970 die Verhandlungen über die engere Zusammenarbeit zwischen der EG und den nicht beitrittswilligen EFTA-Ländern begannen, war Liechtenstein nicht direkt beteiligt. Es stellte nur innerhalb der schweizerischen Delegation einen Vertreter, was schon Anlass gab, vom Fürstentum als einem schweizerischen Kanton zu sprechen. Schliesslich wurden dann aber die Verhandlungen tripartit geführt, und zwei Zusatzabkommen regelten die Geltung des zwischen der EG und der Schweiz abgeschlossenen Vertrages und die Geltung des Vertrages zwischen den Mitgliedstaaten der «Europäischen Gemeinschaft für Kohle und Stahl» und der Schweiz für das Fürstentum Liechtenstein. Die Unterschriften wurden am 22. Juli 1972 gesetzt, doch Georg Malin, der nicht nur ein hervorragender Maler und Bildhauer, Konservator und Kunsthistoriker, sondern auch ein Kenner der politischen Geschichte und der wirtschaftspolitischen Zusammenhänge ist, warnte schon 1973 in seinen «Bemerkungen zu 150 Jahre liechtensteinische Aussenpolitik»: «Implizit könnte der Vertrag zur Petrifizierung des Zollvertrages führen, da eine Änderung oder gar Kündigung das Verhältnis Liechtensteins zur EWG berühren würde. Es besteht die Gefahr, dass der Verzicht auf Ausübung von Hoheitsrechten im Wirtschafts- und Zollbereich unter diesen Voraussetzungen für Liechtenstein praktisch unkündbar wird. Diese Entwicklung bringt Gefahrenelemente für den Kleinstaat.» Die «wirkliche tatsächliche Freiheit» vermochte den Ausgleich zur Macht der Grossen nicht ganz herzustellen. Nicht weil Jacob Burckhardt unrecht gehabt hätte, aber weil Liechtenstein tatsächlich einen Teil seiner wirtschaftspolitischen Freiheit geopfert hatte, um die Vorteile eines grösseren Wirtschaftsraumes einzuhandeln.

Alt Regierungschef Gerard Batliner hat einmal gesagt, der Kleinstaat, der ja nicht autark ist, könne «nur in einer ständig gepflegten wirtschaftlichen, geistigen und kulturellen Kommunikation mit der Aussenwelt bestehen». Liechtenstein hat für den wirtschaftlichen Bereich die Zoll- und Währungsunion mit der Schweiz gewählt, eine Verbindung aber, die sehr wohl «ständig gepflegt» werden muss. Um die «Dependenz», die Abhängigkeit, zu überwinden, spricht man heute von der «Interdependenz», was eben nicht ein Unterordnen, sondern ein Nebeneinander bedeutet. Vor allem muss Liechtenstein also darnach trachten, sich nicht seiner eigenen Entscheidungskompetenz zu begeben. Georg Malin hatte von der Gefahr einer Petrifizierung des Zollvertrages gesprochen. Das würde einer Aushöhlung der demokratischen Entscheidungsmöglichkeiten gleichkommen, was zweifellos den Staat in seiner heutigen Struktur gefährden müsste. Die liechtensteinischen Bürger, egal welchen Geschlechtes und welcher Generation, sind ausserordentlich hellhörig. Die Europa-Diskussion der sechziger Jahre hatte gezeigt, dass man sich nicht durch wirtschaftspolitische Massnahmen in der politischen Freiheit beschränken lassen will. Diese Wachsamkeit ist wertvoll, und sie wird, wie die bereits erwähnte «Rucksackrede» des Erbprinzen vom Jahre 1970 beweist, auch «vom Schloss» unterstützt und gefördert.

Liechtensteins Beziehungen zum Europarat waren am Anfang, also nach 1948, eher lose. Erst nach und nach intensivierte es die Kontakte, nicht zuletzt als Folge der verstärkten eigenen Aussenpolitik, und Ende 1978 wurde es Vollmitglied. Ständiger Vertreter der liechtensteinischen Regierung ist der drittälteste Sohn des Landesfürsten Prinz Nikolaus. In dieser Eigenschaft ist er der Repräsentant des «Aussenministers», das heisst des Regierungschefs, der ja dieses Ressort verwaltet, im Ministerkomitee des Europarates. Dieses Komitee tritt regelmässig einmal im Monat zu einer einwöchigen Sitzung zusammen, in der alle wichtigen Fragen behandelt werden. «Das ist eigentlich die Hauptbelastung meiner Funktion als Teil eines Organes, also als einer von einundzwanzig. Neben dieser primären Arbeit vertrete ich Liechtenstein je nach Bedarf und Zeit auch in den Spezialgremien, zum Beispiel im Europäischen Jugend-Fonds, der Geldmittel an Jugendorganisationen in Europa ausschüttet. Zudem bin ich Vorsitzender der Arbeitsgruppe, die sich mit administrativen Fragen beschäftigt», erklärte Prinz Nikolaus. Die Funktion eines ständigen Vertreters gibt ihm vor allem die Möglichkeit zu direkten Kontakten mit den Repräsentanten der anderen Mitgliedstaaten. Der Europarat ist also für die liechtensteinische Diplomatie ein gewisses Hintertürchen, weil die bilateralen Beziehungen von der Schweiz wahrgenommen werden. Auch hier also: eine Verstärkung der Eigenständigkeit.

Als aktives Mitglied des Europarates hat Liechtenstein am 8. September 1982 die Konvention zum Schutze der Menschenrechte und der Grundfreiheiten ratifiziert. Es ist dies ein in der Präambel umschriebenes Prinzip, auf dem «jede wahre Demokratie» aufbaut. Die Unterzeichnung war nicht nur die logische Konsequenz des Beitritts zum Europarat, sondern auch die Kontinuität einer Politik, wie sie schon in der Verfassung von 1862 vorgezeichnet und in jener von 1921 erneut unterstrichen worden war. Während allerdings die Verfassung diese Rechte vorwiegend den eigenen Bürgern garantierte, geht die europäische Menschenrechtskonvention weiter. Sie weitet sie aus auf die sich im Lande aufhaltenden Ausländer. Nicht so sehr deshalb, als vielmehr aus Angst, durch diese Konvention werde das Souveränitätsrecht Liechtensteins beschnitten, waren Bedenken gegen die Ratifizierung laut geworden. Eine gewisse Einengung der staatlichen Rechtsordnung ist zweifellos gegeben, weil sich jedermann, Liechtensteiner oder in Liechtenstein wohnender Ausländer, gegen liechtensteinische Entscheidungen bei einer internationalen Instanz beschweren kann, aber die Einordnung in eine grössere Gemeinschaft verlangt schliesslich immer gewisse Konzessionen und Abstriche: in der Familie, in der Gemeinde, im Staat und in einer supranationalen Gemeinschaft. Auch hier musste der Kleinstaat Liechtenstein die Werte abwägen: entweder auf dem «Herr-im-Haus-Standpunkt» beharren oder die Möglichkeit wahrnehmen, seine Stimme in einem internationalen Kollegium zur Geltung bringen zu können. Liechtenstein hat sich für den Europarat, besser gesagt: für Europa, entschieden.

Prinz Nikolaus ist seit Aufnahme diplomatischer Beziehungen zwischen Liechtenstein und dem Vatikan, das heisst seit 1985, auch Botschafter beim Heiligen Stuhl. Dass er in dieser Eigenschaft keine besonderen Probleme zu lösen hat, liegt auf der Hand. Deshalb ist er «nichtresidierender Botschafter», der also nur vier- bis fünfmal im Jahr nach Rom fahren wird. Einen vatikanischen Botschafter, also einen Nuntius, gibt es in Vaduz noch nicht, doch ist eine solche Ernennung geplant – vermutlich ebenfalls als «nichtresidierender Diplomat». Warum aber braucht Liechtenstein diplomatische Beziehungen mit dem Vatikan? Nach Ansicht von Prinz Nikolaus handelt es sich dabei um eine «förmliche Bestätigung einer Normalität», da ja die katholische Kirche Landeskirche ist und als solche den besonderen Schutz des Staates geniesst. Zudem konnte die Schweiz diese Aufgabe nicht übernehmen, weil sie im Vatikan über keine eigene diplomatische Vertretung verfügt. Prinz Nikolaus betonte aber: «Neben dieser Bestätigung der Normalität ist die Aufnahme von diplomatischen Beziehungen mit dem Heiligen Stuhl auch eine Dokumentation der Souveränität gegen aussen.» Anderseits hat Papst Johannes Paul II. bei der Überreichung des Beglaubigungsschreibens durch Prinz Nikolaus noch auf weitere

Schloss Vaduz mit Blick nach Südwesten. Links erkennt man das Südrondell, auf das ein Wohnbau aufgesetzt ist. In der Mitte der Bergfried, auch Heidenturm genannt. Er stammt vermutlich aus dem 12. Jahrhundert und stellte das Hauptbollwerk der mittelalterlichen Burg dar. Rechts das Nordrondell, das innen modern ausgebaut worden ist, beherbergt es doch die Kunstschätze der Fürstlichen Sammlungen.

gemeinsame Aufgaben hingewiesen: «Wichtige Bereiche für eine enge Zusammenarbeit zwischen dem Fürstentum Liechtenstein und dem Heiligen Stuhl sind vor allem die gemeinsame Sorge für einen dauerhaften Frieden unter den Völkern, die Verwirklichung einer grösseren sozialen Gerechtigkeit mit besonderer Beachtung der Länder der Dritten Welt, das gemeinsame Bemühen um die fortschreitende Einigung Europas und der ganzen Menschheitsfamilie im Geist weltweiter Solidarität und Brüderlichkeit, die Verteidigung des Menschen selbst in seiner äusseren und inneren Gefährdung.»

Der gleichen Zielsetzung hatte sich Liechtenstein verschrieben, als es sich in der «Konferenz über Sicherheit und Zusammenarbeit in Europa» KSZE engagierte und die Schlussakte am 1. August 1975 durch Regierungschef Walter Kieber unterzeichnen liess. Auch diese Bemühungen wurden und werden in Liechtenstein und anderswo herabwürdigend kommentiert, aber der liechtensteinische Diplomat Mario Graf von Ledebur-Wicheln hatte sehr richtig erkannt: «Die KSZE wurde von vielen ihrer Befürworter mit schlechten Gründen propagiert und von vielen ihrer Gegner mit ungenügenden Gründen, ohne Sachkenntnis verworfen.» Im Rahmen der KSZE und ihrer Nachfolgekonferenzen hat sich Liechtenstein zum vollwertigen Partner entwickelt und aktiv als Mitglied der sogenannten N+N-Gruppe, also der Neutralen und Neutralisten, mitgearbeitet. Die Initialzündung für eine solche Politik der Selbständigkeit war nicht zuletzt von Erbprinz Hans Adam ausgegangen, ist aber – das muss unterstrichen werden – von den verschiedenen Regierungschefs bereitwillig aufgegriffen worden.

Europa hat logischerweise Vorrang in der liechtensteinischen Aussenpolitik. Auch wenn allgemein vom Europa-Elan der ersten Nachkriegszeit leider nicht mehr viel übriggeblieben ist, so sind die Kernprobleme und damit die massgebenden Gründe zur Schaffung eines geeinten Europa immer noch die gleichen, wie sie der Europäer der ersten Stunde, der Franzose Robert Schuman, Anfang der fünfziger Jahre umschrieben hatte: «Die Erkenntnis der zwischenstaatlichen Zusammenhänge und Interessen führt uns über die zufälligen, gelegentlichen Abmachungen hinaus zu Dauereinrichtungen, wie z.B. Zoll- und Münzunionen, Weltpostverein, Sozial- und Rechtskonventionen, Völkerbund und Vereinten Nationen, zur Europäischen Wirtschaftsorganisation und zum Europarat. All dies entspringt der Überzeugung, dass es mehr und mehr Probleme gibt, die nur international gelöst werden können, angefangen von der Verständigung über Wellenlängen und Luftschiffahrtswege, bis zur Regelung der Rohstoffbeschaffung, der 142

Welthandelspreise, der Flüchtlingsfragen, wie des schwierigen, aber so drängenden Problems des dauernden Bevölkerungsüberschusses in verschiedenen Ländern.» Man muss es nochmals betonen: So aktuell diese Rede wirkt, sie wurde von Robert Schuman vor über dreissig Jahren, am 21. Mai 1953, in Mainz gehalten!

Kleinstaaten sind von dieser Problematik noch mehr bedrängt, aber gleichzeitig wird ihnen die Integration erschwert, weil die EG von den Mitgliedstaaten verlangt, auf gewisse nationale Souveränitätsrechte zu verzichten. Für einen Grossstaat, der sich auch in einer übernationalen Organisation dank seinem politischen Gewicht starken Einfluss zu sichern vermag, ja dessen Einfluss durch solche Organisationen auf Kosten der anderen sogar noch gestärkt werden kann, wird der Entschluss zum Beitritt nicht so schwer wiegen. Ganz anders für den Kleinstaat, der ausser der nationalen Souveränität über keine Macht verfügt und für den die globale Übertragung von Souveränitätsrechten im Gegensatz zum Grossstaat einen eigentlichen Verlust der staatlichen Selbständigkeit bedeuten kann.

An eine eigentliche Integration, zum Beispiel in die Europäische Gemeinschaft, denkt Liechtenstein natürlich nicht. Seine Europapolitik ist von Realismus und Idealismus zugleich getragen, aber auch vom Bewusstsein, dass auch ein Kleinstaat Wesentliches zum Wohlbefinden der Völkerfamilie beitragen kann. Der schweizerische Aussenminister Pierre Aubert hat die Rolle des Kleinstaates wie folgt umschrieben: «Nie war es leicht, ein kleines Land zu sein, da für ein kleines Land die Folgen der in der internationalen Politik begangenen Fehler immer besonders schwerwiegend und die Möglichkeiten, sie wiedergutzumachen, gering waren. Heute verschlechtern sich diese Schwierigkeiten durch sehr rasche Entwicklung der Technik, die, wie es scheint, vom Anfang an den Grössten den Vorrang gewährt. Ein kleines Land muss seine schwachen Seiten durch vorsichtige und überzeugende Politik ausgleichen... Es darf und kann nicht Möglichkeiten ablehnen, welche ihm die internationale Zusammenarbeit bietet. Der Aufschwung der internationalen Zusammenarbeit bietet einem kleinen Land neue Aussichten dafür, seinen Einfluss zu stärken und seine Unabhängigkeit zu verteidigen.»

Die Schweiz ist bekanntlich dem Aufruf Auberts, die Möglichkeiten, welche die internationale Zusammenarbeit bietet, nicht abzulehnen, nicht gefolgt. Sie hat sich dem Beitritt zur UNO massiv widersetzt. In Liechtenstein ist seit einiger Zeit ebenfalls die UNO-Diskussion entbrannt. Prinz Nikolaus konnte als Botschafter seines Landes zur Frage nicht Stellung nehmen, betonte aber: «Die UNO ist jene Organisation, bei der sich praktisch alle Staaten dieser Erde treffen. Gerade die kleinen Staaten können hier ihren Existenzwillen zeigen und ihre Probleme zur Sprache bringen. Natürlich aber gilt es, wie bei jeder aussenpolitischen Frage, Vor- und Nachteile abzuwägen... Man muss aber auch sehen, dass heute praktisch alle Staaten in der UNO sind. Zudem wird es in einigen Jahren nicht mehr so gut möglich sein, in die UNO hineinzukommen.»

Die UNO umfasst heute 159 Staaten. Nicht zu ihr gehören zwanzig unabhängige Staaten, von denen sechs in Europa liegen, nämlich:
- Andorra: 453 km^2, 39 940 Einwohner,
- Liechtenstein: 160 km^2, 26 680 Einwohner,
- Monaco: 1,95 km^2, 27 063 Einwohner,
- San Marino: 60,57 km^2, 22 206 Einwohner,
- Schweiz: 41 293 km^2, 6 455 600 Einwohner,
- Vatikanstadt: 0,44 km^2, 731 Einwohner.

Es ist bereits erwähnt worden, dass Erbprinz Hans Adam ein überzeugter Anhänger eines UNO-Beitritts ist. Ob aber im Land, wenn eine Abstimmung wie in der Schweiz durchgeführt würde, eine Mehrheit der Bürger der gleichen Meinung wäre, muss sehr bezweifelt werden. Schon 1948 war die Abneigung einmal zum Ausdruck gekommen. Als der Landtag einstimmig eine Spende für eine internationale Hilfsaktion zugunsten notleidender Kinder in der ganzen Welt beschlossen hatte, wurde Kritik laut, und zwar nicht wegen der Spende, sondern weil es sich bei der bedachten Organisation um die UNO gehandelt hatte. Nach der Absage der Schweiz hat vermutlich die Zahl der Gegner in Liechtenstein noch zugenommen, obwohl politisch gesehen die negative Schweizer Haltung die Chancen des Fürstentums, aufgenommen zu werden, eher verbessert hat. Der Völkerbund hatte ja seinerzeit mit dem Hinweis auf die Schweiz, durch die Liechtenstein vertreten sei, den Beitritt abgelehnt; wenn also die Schweiz nicht in der UNO ist, wäre dieses – ohnehin nicht stichhaltige – Argument hinfällig. Im Augenblick aber ruht das Thema, doch Erbprinz Hans Adam hält es «längerfristig für notwendig, dass Liechtenstein Mitglied der UNO wird».

Auch ohne UNO will Liechtenstein seine aktive und selbständige Aussenpolitik weiterführen. Regierungschef Hans Brunhart betonte: «Die liechtensteinische Aussenpolitik hat vor allem zwei Komponenten. Einmal das gute Verhältnis und die engen vertraglichen Beziehungen zu seinen Nachbarn, insbesondere zur Schweizerischen Eidgenossenschaft, zum zweiten die Zusammenarbeit im Rahmen des Europarates 144

Erbprinz Hans Adam hatte sich nach seinem Studium intensiv der Fürstlichen Vermögensverwaltung gewidmet. 1984 ist er vom Fürsten zu dessen Stellvertreter ernannt worden. Er kümmert sich sehr um die Aussenpolitik und möchte, dass sich das Land stärker integriere. Er ist für den Beitritt Liechtensteins zur UNO, eine Meinung, die nicht von allen Bürgern geteilt wird.

und damit auf dem Felde der Menschenrechte und der europäischen Zusammenarbeit... Wer die heutige Weltlage betrachtet, muss, ob klein oder gross, seine Mitverantwortung kennen. Die Pflicht der Zusammenarbeit und die Pflicht, seinen Beitrag zu leisten, bemisst sich nicht nach Quadratkilometern und hört an den Landesgrenzen nicht auf, nachdem die Rückwirkungen internationaler Entwicklungen offenkundig sind.»

Erbprinz Hans Adam stellt selbst die Frage: «Was brauchen wir an Aussenpolitik, um als Staat überleben zu können?» Und seine Antwort: «Wenn ich mir anschaue, was andere Staaten für ihre Selbständigkeit ausgeben, so ist das sehr viel mehr, als was Liechtenstein ausgibt. Wenn wir vergleichen, was wir im Verhältnis zum Budget oder zum Sozialprodukt an Kosten für die Aussenpolitik haben, so ist das ein Bruchteil dessen, was zum Beispiel Österreich oder die Schweiz ausgeben für Militär und Aussenpolitik. Nachdem wir sinnvollerweise kein Militär haben können, muss man die Aussenpolitik einbeziehen in diese Verteidigung der Selbständigkeit.»

Liechtenstein bekennt sich solidarisch mit Europa und der Welt. Seine Freiheit wird, wie Jacob Burckhardt sagte, in der Waagschale ebenso viel Gewicht haben wie die Macht der Grossen. In diesem Sinn konnte Fürst Franz Josef II. die Leistung seines Landes hervorheben, als er – zum vorläufig letztenmal – am 6. April 1983 bei Eröffnung des Landtages in der Thronrede ausführte: «Zum Glück haben unsere verfassungsmässigen Organe in der von der Verfassung vorgesehenen Weise immer in guter Zusammenarbeit ihre Funktionen wahrnehmen können. Ich kann bei dieser Gelegenheit feststellen, dass durch die Einstellung der Liechtensteiner, durch die Art der Verfassung und das Bild einer grossen Familie immer eine grösstmögliche Mitbestimmung der Bürger am politischen Leben unseres Landes gesichert war. Wenn wir auch aussenpolitisch nicht viel Einfluss ausüben können, so sind aber die Liechtensteiner sicher in dieser Beziehung ein Vorbild für Bürger in vielen Staaten und können so in idealer Weise Einfluss nehmen.»

Die Zukunft:

«... ein Kind der Gegenwart»

Wer die Frage stellt, wie die Zukunft aussehen wird, dem müsste man die Frage entgegenstellen: Wann beginnt sie? Morgen? Im Jahre 2000? Oder später? Christoph Tiedge (1800) nennt sie ganz einfach «ein Kind der Gegenwart» und damit hat er – über alle Zeiträume hinweg – zweifellos recht. Wenn wir uns also nach der Zukunft Liechtensteins erkundigen, wenn einmal der Enkel des Erbprinzenpaares im Schloss residiert und wenn die Enkelin von Regierungschef Hans Brunhart Vorsteherin von Balzers oder gar Fürstliche Regierungschefin sein wird, so müssen wir uns in der Gegenwart umsehen. Hier werden die Weichen gestellt!

Das heute bereits offenkundige und für die Zukunft sicher wesentliche Problem ist jenes der Expansion, soweit sie sich im Lande auswirkt und zu einer Kompression nach innen führen müsste. Zwei Zahlen veranschaulichen diese Existenzfrage: 1930 lebten in Liechtenstein pro Quadratkilometer 62 Menschen, insgesamt 9948, heute sind es auf den Quadratkilometer 165 Einwohner. Dazu kommt, dass früher die Menschen in Grossfamilien zusammenwohnten, also wenig Wohnraum beanspruchten, wogegen heute der Trend zur Kleinfamilie besteht, weil man es sich leisten kann. Das ist kein typisch liechtensteinisches Problem, aber hier wird es besonders brennend. Wenn das kleine Land einem Treibhaus gleicht, in dem Betonhäuser gezüchtet werden, um die Wohlstandsbedürfnisse zu decken, so kann man sich an den Fingern abzählen, wie lange dies ungestraft möglich sein wird. Es gibt Leute, die an den Storch glauben, andere glauben offensichtlich an die Vernunft der Gemeindeverantwortlichen! «Es ist oberstes Gebot der Landesplanung und insbesondere der Siedlungspolitik der Gemeinden, die bestehenden und ohnehin zu weit gedehnten Siedlungs- und Bauzonenränder mindestens zu halten, wenn möglich zu reduzieren. Die bislang ausgeschiedenen Bauzonen reichen für ein vierfaches Bevölkerungswachstum», erklärte die Regierung in der Standortbestimmung «Umweltschutz in Liechtenstein», und mit dem Hinweis auf die Gemeindeautonomie hat sie 1985 ein schon 1979 von Vertretern beider

Parteien eingebrachtes Postulat auf Schaffung einer landesweiten

Landwirtschaftszone abgelehnt. Die Postulanten meinten, mit der Verwirklichung ihrer Eingabe hätte auch die Ernährungsbasis sichergestellt werden können. Das ist vielleicht eine Illusion, aber wenn man sich im Talraum Liechtensteins einem Verhältnis 1:1 zwischen Wohn-, Gewerbe- und Industriezone und Zone für öffentliche Bauten einerseits und landwirtschaftlicher Nutzfläche anderseits nähert, so gilt es einfach zu überlegen, bei welchem Markstein man die Notbremse ziehen soll. Es geht nämlich dann plötzlich nicht mehr nur um eine gewisse Ernährungsabhängigkeit von aussen, sondern um die Lebensqualität im Lande selbst. «Schlittern wir nicht einfach mehr oder weniger konzeptionslos ins nächste Jahrhundert?» hatte der FBP-Abgeordnete Josef Biedermann im Landtag gefragt.

Wenn aber die Wohn-, Gewerbe- und Industriezone heute oder morgen oder übermorgen massiv eingeschränkt werden soll, so wirft das natürlich die Frage auf, wie weit die industrielle Expansion, die in den letzten Jahren und Jahrzehnten soviel Wohlstand gebracht hat, anhalten kann. Grosse Firmen wie Hilti, Hoval oder Balzers haben seit längerer Zeit den Weg der Expansion nach aussen eingeschlagen. «Im Ausland Tochtergesellschaften zu gründen, ist ein wesentliches Ventil für die liechtensteinische Wirtschaft, weiter zu wachsen und konkurrenzfähig zu bleiben», sagte dazu Erbprinz Hans Adam. Das ist zweifellos die einzige Lösung auf lange Sicht, und Hans Adam betonte als Vizevorsitzender der «Fürst von Liechtenstein-Stiftung», in die die hauseigene «Bank von Liechtenstein» integriert ist: «Wir haben schon Anfang der siebziger Jahre erkannt, dass wir hochqualifiziertes Personal nicht in genügendem Masse hier finden. Es war aber auch nicht einfach, es hierher zu bringen, weshalb wir bewusst diesen Weg einschlugen.» Man muss sich allerdings bewusst sein, dass die Industrien im Lande selbst über einen gewissen Spielraum verfügen müssen. Nicht nur die Konzernleitung muss ja in Liechtenstein bleiben, auch die Innovation muss von hier kommen, wenn das Unternehmen florieren soll. Um diesen Innovationsfluss zu fördern, müssen die nötigen Rahmenbedingungen gegeben sein. Obwohl Liechtenstein heute schon in beachtlichem Masse eigene Kaderleute zu stellen vermag, gehört eine gewisse offene Ausländerpolitik zu diesen Rahmenbedingungen wie auch eine entsprechende industrielle Steuerpolitik, worin Liechtenstein allerdings zu den fortschrittlichsten Ländern gehört. Wenn man aber, was zweifellos richtig wäre, auch eine offene Wohnbaupolitik zu den erforderlichen Rahmenbedingungen zählt, wird man erkennen, dass sich dann die Katze in den Schwanz beisst.

Die Ausländerpolitik ist also ebenfalls eines der Elemente der Zukunftsbewältigung. Sicher ist es bedenklich, wenn es heute in einem Land von nur elf Gemeinden bereits Schulklassen gibt, in denen die ausländischen Schüler stark in der Mehrheit sind. «Wegen der Volkssubstanz kommen mir grosse Bedenken», sagte alt Regierungschef Alexander Frick, «die Überfremdung läuft uns davon, man hat sie nicht mehr unter Kontrolle.» Auch hier aber darf man nicht im wahrsten Sinn des Wortes das (ausländische) Kind mit dem Bad ausschütten. Die Ausländerpolitik braucht sehr viel Fingerspitzengefühl von seiten der Regierung und Einfühlungsvermögen von seiten der Bevölkerung. Ist das zuviel verlangt? Vielleicht ja, aber die Zukunft ist ja ein Kind der Gegenwart, das auch nicht ausgeschüttet werden darf! Erbprinz Hans Adam sieht die Notwendigkeit ausländischer Arbeitskräfte, aber auch die Grenzen der Überfremdung: «Das Land wird man wirtschaftlich nur in der Spitzenposition halten können, wenn man den Zufluss von Ausländern aufrechterhalten kann. Unsere ganze wirtschaftliche Entwicklung wäre ohne Zufluss von aussen undenkbar gewesen. Es gab vor kurzem eine Studie über die City von London als Finanzzentrum, in der man feststellte, dass die grosse Zeit des 19. Jahrhunderts zu einem ganz grossen Teil von Ausländern gemacht wurde. Die Grenze sehe ich für uns dort, wo wir es innenpolitisch verkraften können. Wir müssen uns im klaren sein, dass wir immer mit einem relativ hohen Prozentsatz von Ausländern leben müssen. Für einen Kleinstaat ist das an sich normal.»

Ein anderes Problem, das in diesen ganzen Komplex hineingehört, ist die Verkehrsplanung. Sollen zum Beispiel in Vaduz einfach immer mehr Fahrzeuge von Süden nach Norden durch das Städtle und von Norden nach Süden durch die Äulestrasse rasen, die Luft verpesten und den Fussgängern das Leben schwer machen? Man spricht von einer Fussgängerzone im Städtle. Dass die Anwohner der Äulestrasse, die dann den doppelten Verkehr aufzunehmen hätte, darob sauer sind, ist verständlich; aber auch die Städtle-Anwohner reklamieren, denn sie fürchten eine geschäftliche Einbusse. Auch hierin muss also die Wahl getroffen werden, denn der Wunschtraum, der alle Interessen zufrieden stellt, geht nicht in Erfüllung, und was für Vaduz gilt, gilt auch zum Beispiel für die Durchfahrt in Schaan oder den Massenandrang in Malbun.

Dabei sind das alles nur die augenfälligsten Probleme. Es gibt aber noch andere, schwerwiegende. Die Zukunft Liechtensteins hängt in erster Linie von der Gesinnung, der Mentalität, dem Staatsbewusstsein ab, und dabei ist das Denken und Fühlen, das ganze Verhalten der Jugend ausschlaggebend. Zwar gilt heute bestimmt das Wort Ludwig Börnes nicht mehr, der vor 120 Jahren erklärt hatte: «Eltern, Schule, Erziehung, der Staat – alle sorgen nur für die Hochbejahrten, und die Jugend ist verdammt, die Magd des Alters zu sein.» Die Sorge um die Jugend nimmt jetzt im Pflichtenheft der Verantwortlichen einen grossen Raum ein, und dem ist gut so, denn es geht um die Zukunft, «ein Kind der Gegenwart».

Die Jugend hat das Recht, zu rebellieren, denn – wie Goethe sagte – «Unbesonnenheit ziert die Jugend, sie will eben vorwärts leben», aber an anderer Stelle klagte er: «Dass doch die Jugend immer zwischen den Extremen schwankt!» Auch das aber ist das Vorrecht der Jugend, deren Äusserungen, mögen sie noch so hart klingen, respektiert werden müssen, besonders wenn sie aus echter Überzeugung gesprochen sind.

«Ich bin überzeugt, dass trotz historisch gewachsener Rechtsgemeinschaft und – wie wir so gerne betonen – internationaler Anerkennung unser Staat in seiner Existenz gefährdet ist, mehr von innen als von aussen», schrieb Josef Biedermann 1973 in «Beiträge zum liechtensteinischen Selbstverständnis» und er mahnte: «Es gilt also, unser Land von innen her zu kurieren, um nach aussen bestehen zu können und als Kleinstaat ernstgenommen zu werden. Es darf uns nicht gleichgültig sein, wenn andere uns schon als Mikrostaat einstufen wollen, als ein interessantes geschichtliches Phänomen, doch mit verminderter Staatlichkeit, nur noch in der Operette existenzberechtigt. So gesehen ist die Bedeutung Liechtensteins für mich Hoffnung, Wunsch und Aufgabe zugleich.» Josef Biedermann war damals 29 Jahre alt, heute ist er als Landtagsabgeordneter Sprecher der «Fortschrittlichen Bürgerpartei». Ein anderer, der damals 28 Jahre alt war, umschrieb sein Verhältnis zu seinem Staat: «Flüchtig zwar im Detail, doch stabil in der Aussage, relativiert durch das Wissen und die Erfahrung und doch – recht zufällig. Liechtensteins kleine Fläche kann ebensovielen Meinungen wie Menschen Raum bieten. Damit ist der geistige Raum wichtiger als der geographische geworden.» Der junge Mann hiess Hans Brunhart und ist heute seit acht Jahren Regierungschef und vor wenigen Monaten für eine weitere Amtsdauer wiedergewählt worden.

Der frühere Regierungschef Alexander Frick appellierte: «Wir müssen wieder in vermehrtem Masse nachdenken, was der in unseren Gesetzen immer wieder aufscheinende Begriff 'allgemeines Wohl' eigentlich bedeutet. Land, Gemeinden und auch die Wirtschaft sollten bei ihren Planungen und Entscheidungen stets das wirkliche Wohl der Menschen im Auge behalten. Das 'Menschengemässere' muss im Zweifelsfalle den Vorzug bekommen. Unser Sinnen muss darauf gerichtet sein, dass Liechtenstein trotz Industrialisierung als Hort der Ruhe und des Geborgenseins erhalten bleibt. Natürlich kann man das Rad der Entwicklung nicht beliebig zurückdrehen. Die heutigen Menschenmassen könnten ohne die technischen Einrichtungen nicht mehr ernährt und gekleidet werden. Die Technik ist an und für sich neutral, es gilt, sie vernünftig und weise einzusetzen und sich der grossen Gefahren ihres Missbrauches bewusst zu sein. Hier hätte die Information korrigierend einzugreifen. Wenn es den Erzeugern der Massengüter gelingt, den Menschen auch die unnötigsten Produkte anzudrehen, so sollte es doch auch möglich sein, die hier nötige Aufklärung zu vermitteln. Unsere besten Köpfe sollten da eingesetzt werden.»

Im gleichen Zuammenhang äusserte sich der damals 27jährige kaufmännische Angestellte Georg Kieber zur Aussenpolitik Liechtensteins: «Aussenpolitik ist bei uns ein Synonym für Präsenz an Konferenzen; aussenpolitische Aktivität wird mit einer Teilnahmeliste an Tagungen in aller Welt dokumentiert. Der Erfolg muss schwach sein oder ausbleiben, denn unsere Vertreter sind Handlungsreisende, die wenig oder nichts anzubieten haben. Es sei deshalb vorweggenommen: Aussenpolitik muss in Zukunft heissen: aktive, konstruktive Mitarbeit, Vorbereitung von Konferenzen durch Fachleute über Jahre oder Monate hinweg, die Bildung einer festen Meinung, Erarbeitung konkreter, sachlicher Stellungnahmen. Dies heisst Absage an jene, die in diesem Zusammenhang Liechtenstein als möglichen Tagungsort internationaler Gremien in den Vordergrund rücken, weil sie sich nach liechtensteinischen Denkschemen fragen, wie mit geringstem Aufwand grösster Effekt zu erzielen sei, und dies heisst, den Teufelskreis zu berühren, weil nach aussen nicht wirken kann, was im Innern nicht lebt. Innen- und Aussenpolitik sind keine unabhängigen Komplexe; sie sind verankert ineinander, beleben sich in gegenseitigem, abhängigem Wechselspiel, ermöglichen sich. Wie aber sollen unsere Vertreter in den Hauptstädten der Welt Stellung zu Fragen der grossen Politik, zur Sicherheit, Abrüstung oder Variationen der Wirtschaftspolitik beziehen, wenn sie nicht wissen, wie ihre Auftraggeber, die Bürger dieses Landes, dazu denken?»

Warnend erklärte der damals 32jährige Hermann Hassler, heute Landtagsabgeordneter und Leiter des Amtes für Briefmarkengestaltung: «Unser Standpunkt muss nicht nur gehalten, sondern gefestigt werden, soll uns ein geplantes Europa als eines seiner Glieder anerkennen. Es ist bestimmt richtig, dass auch wir an internationalen Konferenzen unsere Shows abziehen und uns mit den Möglichkeiten einer eigenen Radiostation befassen. Mir scheint es auch wichtig, viel Kraft und Geld für eine gezielte Aussenpolitik aufzuwenden. Denn es kann wohl nicht unser Ernst sein, unsere Daseinsberechtigung allein mittels Höchstleistungen unserer Spitzenathleten oder totaler Public Relations durch unsere Briefmarken verankern zu wollen. Aber alle Bemühungen, unser Land zu dokumentieren, müssen kläglich versagen, wenn sie sich nicht auf aktive geistige Kräfte und ausgewogene materielle Substanz stützen können. Lassen wir unsere delegierten Boten bei der Suche nach Fundamenten für ihre Aufträge nur ins Leere greifen, werden wir uns bald einmal selbst entlarven und peinlich beschämen. Darum, denke ich, müssten wir tiefer schürfen und vorerst mehr uns selbst betrachten. Unsere Gedankenlosigkeit lässt uns unsere ausgeprägte geistige Verarmung und die Verluste an materieller Substanz nicht merken. Fremde Massenmedien überschwemmen uns jeden Tag, ohne dass wir uns der Verbreitung eigenen Gedankengutes gross annehmen. Manche politische, soziale und kulturelle Probleme suchen wir zu lösen, indem wir uns bemühen, mehr oder weniger bewährte fremde Modelle zu modifizieren. Kulturelle Importe können sehr erbauen, zur Information mitunter wichtig sein. Solange wir unsere eigenen schöpferischen Kräfte jedoch verkümmern lassen oder missbrauchen, überwinden wir nicht die gewisse geistige Impotenz. Unsere eigenen schöpferischen Fähigkeiten sollten vermehrt erkannt, geweckt und intensiv unterstützt werden. Nur eine schöpferische, aktive Gesellschaft wird sich die geistigen Kräfte wahren und schaffen können, die ein fester Platz Liechtensteins im Kreis der künftigen Gesellschaftsstrukturen voraussetzt.»

Und noch die Aussage der damaligen Gymnasialschülerin Christine Kaufmann: «Unser Desinteresse an weltweiten Problemen glauben wir durch Liechtensteins 'Kleinstaatlichkeit' rechtfertigen zu können. Doch diese Haltung – manifestiert durch Aussagen, wie: 'Was kann so ein kleines Land schon zur Lösung von weltweiten Problemen beitragen?' oder 'Wir wollen uns nicht in fremde Angelegenheiten einmischen' – kann heute nicht mehr als bescheiden, vernünftig, einsichtig oder gar tolerant interpretiert werden, es ist einfach feige, verantwortungslos und egoistisch, sich in sein Schneckenhaus zurückzuziehen und sich von der Mitverantwortung am Weltgeschehen zu drücken. Denn gerade diese Haltung, dieser Mangel an Selbstvertrauen, diese egoistische Weltflucht nähren die Zweifel an unserer Glaubwürdigkeit und Existenzberechtigung. Erst dann werden wir als ernstzunehmende Partner akzeptiert, wenn wir uns der vielfältigen Möglichkeiten des Kleinstaates bewusst werden und dann endlich die notwendigen Konsequenzen daraus ziehen.» Christine Kaufmann hatte aber nicht nur Kritik angebracht, sondern sich auch Gedanken gemacht darüber, was konkret getan werden könnte, also zum Beispiel: «Wir haben die Armee abgeschafft und sind ein 'Tal des Friedens' – doch das genügt nicht: wir müssen auch der übrigen Welt zum Frieden verhelfen, z. B. durch Schaffung eines Friedensinstitutes, denn die Arbeit der Friedensforscher wird im Ausland dauernd durch militärische oder wirtschaftliche (Waffenindustrie) oder durch politische Interessen gefährdet. Jene Geldsummen, die in anderen Staaten durch die Rüstung verschlungen werden, müssen wir einer objektiven Friedensforschung widmen, damit wir die Bezeichnung 'Tal des Friedens' überhaupt verdienen. Auch als 'Lebenseinheit internationaler Solidarität und Kommunikation' erwachsen für uns Liechtensteiner in Zukunft vermehrte Verantwortungen. Doch nicht die reichen Industrieländer des Westens brauchen unsere Solidarität, sondern die jahrhundertelang ausgesaugten und unterjochten Staaten der Dritten Welt, die im Kampf um wirtschaftliche und politische Unabhängigkeit ihre Selbstverwirklichung suchen. Durch ein ehrliches Engagement für politisch und religiös Verfolgte, durch eine aktive Mitarbeit in internationalen Organisationen (UNESCO, UNO usw.), durch wirkliche Teilnahme an internationalen Kongressen kann Liechtenstein zum Fürsprecher für Unterdrückte werden, kann Erfahrungen austauschen, neue Ideen vermitteln, kann endlich glaubwürdig und existenzberechtigt sein. Als Preis dafür müssen wir gewisse Unbequemlichkeiten in Kauf nehmen, denn Mut, Ehrlichkeit und wahre Nächstenliebe sind nie kostenlos. – Was also könnte Liechtenstein für die Welt sein? – Sauerteig!»

Ist es nicht herrlich, solche erfrischende Gedanken, selbstkritisch und mutig vorgetragen, zu vernehmen? Braucht es einem da noch bange zu sein um Liechtensteins Zukunft? Ein Land, in dem junge und ältere Leute gemeinsam sich so ernsthaft und überlegt um den Staat bemühen, hat ein solides, dauerhaftes Fundament, denn die Zukunft ist ja ein Kind der Gegenwart.

Dass sich gerade jüngere Menschen so sehr engagieren, ist besonders bemerkenswert. So ist es denn gewiss kein Zufall, dass Fürst Franz Josef II. schon vor zwei Jahrzehnten an einer Jungbürgerfeier erklären konnte: «Es ist für mich stets eine Freude, unter jungen Leuten zu weilen, insbesondere im Kreise der jungen Liechtensteiner. Der Idealismus, der die Jugend beseelt und emporführt aus dem Mittelmass des täglichen Lebens zu weit- und hochgesteckten Zielen, erfasst dann auch mich und überträgt auf einen etwas von dieser Gesinnung. Solche Begegnungen sind immer wieder ein Lichtzeichen auf dem Weg in einem oft verwirrenden Netz sich kreuzender Pfade. Wer sich sein von idealer Gesinnung geprägtes Lebensbild auch in späteren Jahren bewahrt, wird stets das Wesentliche und Entscheidende vom Unwichtigen und Zufälligen unterscheiden können. Solche Menschen braucht die Welt. Und Liechtenstein kann man beglückwünschen, wenn Ihr Eure jugendliche ideale Einstellung auch in späteren Jahren bewahrt.»

Zeittafel

Von 15 v. Chr.
bis 476 Römische Herrschaft.
um 180 Christianisierung durch den hl. Luzius.
212 Erteilung des römischen Bürgerrechtes.
ca. 260 Erste alemannische Vorstösse.
354 Alemannen werden über Luziensteig rheinabwärts gedrängt und in Vorarlberg vernichtend geschlagen.
400 Beginn des Abzuges der Römer.
493 Ostgotische Herrschaft, Alemannen lassen sich nieder.
536 Übergabe des Gebietes an den merowingischen Frankenkönig Theodebert.
843 Rätien kommt zu Ostfranken.
911 Churrätien wird Herzogtum der Alemannen.
926 Ungarn und Sarazenen im Land.
ca. 1000 Im Gebiet des heutigen Liechtenstein wurden erstmals Familiennamen vergeben.
12./13. Jh. Das Rätoromanische verschwindet als Amtssprache und wird durch das Deutsche ersetzt.
1250–1300 Einwanderung der Walser.
1342 Die Brüder Hartmann und Rudolf von Werdenberg-Sargans teilen ihr Erbe.
1396 Grafschaft Vaduz wird reichsunmittelbar.
1405 Volksaufstand, Zerstörung der Burgen Schellenberg.
1412 Alt- und Neu-Schellenberg gehen an das Haus der Montfort-Tettnang über.
1416 Grafschaft Vaduz und
1437 der Eschnerberg gehen an Wolfhard von Brandis.
1499 Schwabenkrieg, Rachezug der Schweizer nach Balzers, Brandschatzung des Schlosses Vaduz.
1510 Die Grafen von Sulz übernehmen die Herrschaften Vaduz und Alt- und Neu-Schellenberg.
ca. 1520 Die Vaduzer und Schellenberger lehnen den aus der Schweiz herangebrachten Protestantismus ab.

1613	Die Grafen von Hohenems erwerben Vaduz und Schellenberg.
1699	Am 18. Januar erwirbt Fürst Hans Adam von Liechtenstein Schellenberg.
1712	Am 2. Februar übernimmt er auch Vaduz.
1719	Am 23. Januar werden die Herrschaften Vaduz und Schellenberg unmittelbares Reichsfürstentum; das heutige Liechtenstein ist geboren.
1759	Bau der Rheinbrücke bei Triesen.
1788	Goethe in Vaduz (1./2. Juni).
1795	Balzers fällt einem Föhnbrand zum Opfer.
1805	Einführung der Schulpflicht.
1806	Dank Napoleon wird Liechtenstein am 12. Juli Mitglied des Rheinbundes und damit souverän.
1852	Zollvertrag mit Österreich.
1861	Gründung der Liechtensteinischen Landesbank.
1862	Neue, liberale Verfassung.
1866	Letzter Einsatz liechtensteinischer Truppen.
1868	Abschaffung des Militärs.
1914–18	Liechtenstein bleibt im Ersten Weltkrieg neutral.
1919	Kündigung des Zollvertrages mit Österreich.
1920	Postvertrag mit der Schweiz. Gründung der Bank in Liechtenstein AG.
1921	Neue Verfassung auf demokratischer und parlamentarischer Grundlage (5. Oktober).
1923	Zollvertrag mit der Schweiz.
1924	Einführung des Schweizer Frankens als ausschliesslich gesetzliche Währung.
1927	Bruch der Rhein-Wuhre, Schaaner Ebene und Riet und Eschner Riet bis nach Mauren überschwemmt.
1938	Im Juli wird Franz Josef II. nach dem Tod von Franz I. regierender Fürst und nimmt als erster Landesherr Wohnsitz in Vaduz.
1939–45	Im Zweiten Weltkrieg ist Liechtenstein neutral.
1943	Am 7. März Vermählung von Fürst Franz Josef II. mit Gräfin Georgine von Wilczek.
1945	Am 14. Februar Geburt des Erbprinzen Hans Adam.
1956	Gründung der Verwaltungs- und Privatbank.
1960	Mitwirkung Liechtensteins im Rahmen der Europäischen Freihandelszone EFTA.

1967 Vermählung des Erbprinzen Hans Adam mit Gräfin Marie Aglae Kinsky von Wchinitz und Tettau.

1972 Liechtensteinisches Abkommen mit der Europäischen Wirtschaftsgemeinschaft.

1978 Beitritt zum Europarat.

1984 Am 26. August übergibt Fürst Josef II. dem Erbprinzen Hans Adam die Regierungsgeschäfte als Stellvertreter. Der Fürst bleibt Staatsoberhaupt.

1985 Am 8. September besucht Papst Johannes Paul II. das Fürstentum Liechtenstein.

1985/86 Vom Oktober 1985 bis Mai 1986 sind die wichtigsten Schätze der fürstlichen Sammlung im Metropolitan Museum of Art in New York ausgestellt.

1986 Im Februar Landtagswahlen; Sieg der «Vaterländischen Union»; Hans Brunhart bleibt für eine dritte Amtsperiode fürstlicher Regierungschef.

Literatur

Fürstentum Liechtenstein, Beiträge verschiedener Autoren, Verlag Löbl-Schreyer, Bad Tölz (Bayern).

Goop, Adulf Peter: Liechtenstein gestern und heute. Liechtenstein-Verlag, 1973

Jansen, Norbert: Nach Amerika! Historischer Verein für das Fürstentum Liechtenstein, 1976

Jansen, Norbert / Allgäuer, Robert: Liechtenstein 1938–1978. Verlag der Fürstlichen Regierung, 1978

Kranz, Walter: Fürstentum Liechtenstein, eine Dokumentation. Presse- und Informationsstelle der Regierung des Fürstentums Liechtenstein, 1978

Malin, Georg: Kunstführer Liechtenstein, Verlag Kümmerly + Frey, 1968

Ospelt-Amann, Ida: S Loob-Bett. Eigenverlag, 1977

Ospelt-Amann, Ida: Die aalta Räder, Verlag Werner H. Ospelt, 1984

Poeschel, Erwin: Die Kunstdenkmäler des Fürstentums Liechtenstein. Gesellschaft für schweizerische Kunstgeschichte, Verlag Birkhäuser, 1950

Raton, Pierre: Liechtenstein, Staat und Geschichte. Liechtenstein-Verlag, 1969

Schlapp, Manfred: Das ist Liechtenstein. Seewald-Verlag, 1980

Seger, Otto: Lachendes Liechtenstein. Eigenverlag, 1982

Liechtensteinische Politische Schriften, herausgegeben von der Liechtensteinischen Akademischen Gesellschaft: Beiträge zum liechtensteinischen Selbstverständnis, 1973; Beiträge zur liechtensteinischen Staatspolitik, 1973; Probleme des Kleinstaates gestern und heute, 1976; Liechtenstein in Europa, 1984

Statistisches Jahrbuch 1985: herausgegeben vom Amt für Volkswirtschaft

In dieser Reihe
sind bereits erschienen:

**Unbekannter Nachbar
Orient**

Erlebter Islam
von Felix R. Paturi

**Unbekannter Nachbar
Ungarn**

von Gerda Rob

**Unbekannter Nachbar
Frankreich**

von Hans O. Staub

**Unbekannter Nachbar
Italien**

von Gerda Rob

**Unbekannter Nachbar
Sowjetunion**

von Regula Heusser

**Unbekannter Nachbar
Österreich**

von Alphons Matt

**Unbekannter Nachbar
Israel**

von Hans O. Staub

**Unbekannter Nachbar
Portugal**

von Werner und
Susanne Schwanfelder

Umschlagbilder:
Oben: Schloss Vaduz/Fürst Franz Josef II.
Mitte: Häusergruppe in Balzers/Postmuseum Vaduz
159 Unten: Malbun/Kapelle Mariahilf in Mäls

Alphons Matt

wurde 1920 in Zürich geboren.
Er studierte in Zürich und Wien
Geschichte.
1946/47 war er Leiter einer
schweizerischen Hilfsorganisation
in Wien, anschliessend Wiener
Korrespondent verschiedener
Schweizer Zeitungen und des
schweizerischen Rundfunks. 1953
kehrte er in die Rundfunkzentrale
in Zürich zurück und wurde
Leiter der Abteilung Politik und
Aktualität.
Von 1963 bis 1969 war er
Redakteur der «Weltwoche» in
Zürich, hierauf Redakteur am
Deutschschweizer Fernsehen.
Seit dem Frühjahr 1985 ist er als
freier Journalist für das Fernsehen
und die Presse tätig.

West- und Osteuropa, Südamerika,
Afrika, der Nahe Osten, die
Sowjetunion und China waren
Ziele seiner zahlreichen
Auslandsreisen.

Weitere Publikationen:
«Menschen im Programm» – über
das Leben in Osteuropa.
«Zwischen allen Fronten» – Studie
über das geheimnisvolle
«Büro Ha» vor und während des
letzten Krieges. «Versiegen die
Quellen?» – nach dem
Energieschock von 1973/74.
«Hat es sich gelohnt?» Gespräche
und Dokumente über den
Widerstand in Europa von 1930
bis 1945.